臺灣歷史與文化 _{研究}_{輯刊}

二四編

第6冊

廖瓊枝修編《火燒紅蓮寺》與《俠女英雄傳》演出作品分析（下）

江 君 儀 著

花木蘭文化事業有限公司

國家圖書館出版品預行編目資料

廖瓊枝修編《火燒紅蓮寺》與《俠女英雄傳》演出作品分析（下）
／江君儀 著 -- 初版 -- 新北市：花木蘭文化事業有限公司，
2023〔民 112〕
目 10+152 面；19×26 公分
（臺灣歷史與文化研究輯刊二四編；第 6 冊）
ISBN 978-626-344-363-1（精裝）
1.CST：歌仔戲 2.CST：表演藝術 3.CST：舞臺設計
733.08   112010199

臺灣歷史與文化研究輯刊
二四編 第 六 冊   ISBN：978-626-344-363-1

廖瓊枝修編《火燒紅蓮寺》與《俠女英雄傳》
演出作品分析（下）

作　　者　江君儀
總 編 輯　杜潔祥
副總編輯　楊嘉樂
編輯主任　許郁翎
編　　輯　張雅淋、潘玟靜　美術編輯　陳逸婷
出　　版　花木蘭文化事業有限公司
發 行 人　高小娟
聯絡地址　235 新北市中和區中安街七二號十三樓
　　　　　電話：02-2923-1455／傳真：02-2923-1452
網　　址　http://www.huamulan.tw 信箱 service@huamulans.com
印　　刷　普羅文化出版廣告事業
初　　版　2023 年 9 月
定　　價　二四編 9 冊（精裝）新台幣 26,000 元

廖瓊枝修編《火燒紅蓮寺》與《俠女英雄傳》演出作品分析（下）

江君儀　著

目次

表目次

圖目次

第四章 《火燒紅蓮寺》與《俠女英雄傳》 舞臺美術與劇場技術探討

　　《火燒紅蓮寺》及《俠女英雄傳》兩劇目演出差異性最為顯著的地方是在舞臺美術、技術的方面。筆者主要將兩劇之舞臺美術、技術層面分為幾大面向進行探討，首先針對劇場原空間差異性進行比較，其中概括了演出劇場本身性質、舞臺空間、後臺側臺空間、觀眾席空間，梳理兩劇所演出之劇場空間之先決條件；再者則是劇目所使用之軟硬體設備的運用差異性。

　　最後針對劇目所需使用及角色人物所需使用之相關砌末道具及魔術手法進行梳理探討。藉由大空間至小戲法的舞臺美術、技術運用，體現兩劇之間因劇場技術所呈現之不同風格面貌。

一、2011 年《火燒紅蓮寺》演出場域

　　2011 年的《火燒紅蓮寺》上演地點在花蓮文化創意產業園區之中的包裝工廠，此一場地並非是專業的演出劇場，而是充斥著復古懷舊、休閒氛圍的園區。

　　花蓮文化創意產業園區前身為 1913 年創立的花蓮舊酒廠，隨著時代改變，舊酒場於 1988 年歇業，大片土地長時間荒廢，最後由文建會進行土地重整，將此舊時代之產物，轉變為花蓮創意文化園區，經年來不斷變革，成為一個涵蓋觀光產業以及藝文空間的場域。

　　關於此劇目為何會選擇於花蓮文化創意產業園區進行演出，有很大一部份的因素是「時代氛圍」。此劇目的出現於 1930～1940 年代，當時正為歌仔戲內臺時期，大部分的演出皆在室內戲院空間進行，早年戲院空間如會堂、禮堂一般，空間、擺設簡單，前場及後場空間也相對狹小擁擠，為了讓觀眾體驗當

年觀劇的氛圍以及將整齣戲的復古懷舊感有更良好的呈現，選擇有時代感的場域更能讓劇團製作或是觀眾體驗得到更好的成效。

另外一個要素則是「實驗性」。為了復刻重現內臺時期的演出狀況，勢必要將當時流行的表演手法，如：機關變景、鋼絲、真火、真水等元素於演出中呈現，以達到重現的效果。

而一般性的劇場因消防安全問題的意識抬頭，出現了諸多對於劇場空間安全性的限制，如禁止明火、通道暢通及緊急出口的設立，在這樣的限制之下，原本就不屬於專業劇場範疇內的花蓮舊酒廠相對靈活度高，具備較為良好的實驗特質，能夠讓製作團隊在技術層面的發揮更加全面。

劇場的選擇原因，於國立臺灣傳統藝術總處籌備處所出版之《火燒紅蓮寺》DVD 的內容簡介，也被著重提及〔註1〕。

為了讓觀眾可以體驗到早期內臺時期觀戲的光景，製作團隊選定了花蓮創意產業園區（花蓮舊酒廠）進行演出製作，綜合了「時代性」與「實驗性」的表演空間，讓《火燒紅蓮寺》劇目能得到更好的發揮，也讓觀眾能更加進入製作團隊所想讓觀眾體驗的「內臺時期」金光變景戲。

二、2017 年《俠女英雄傳》演出場域

2017 年重新製演的《俠女英雄傳》於臺灣戲曲中心的大表演廳進行演出，與《新梁祝》、《木蘭》、《蔡文姬》等演出節目，構成臺灣戲曲中心的開幕系列演出。

臺灣戲曲中心附屬於國立傳統藝術中心之下，自開幕以來上演的節目多以戲曲類型為主，並將戲曲中心的營運定位在製作高品質的傳統表演藝術演出，以維護戲曲的永續發展。〔註2〕

〔註1〕 廖瓊枝文教基金會：《火燒紅蓮寺》演出實況 DVD 內容述：「此次經典歌仔戲《火燒紅蓮寺》計畫特別選在花蓮文化創意產業園區演出，最初的動機就是想要尋覓一個類似早年戲院的空間。曾為舊酒廠的花蓮文化創意產業園區，雖位處東臺灣，但近年來在文建會戮力經營下，已成花蓮最亮眼的多功能藝文區塊，尤其作為《火燒紅蓮寺》演出場地的包裝工廠，挑高近六米，桁柱高度適中，地面無樑柱阻隔視線，舞臺面寬十二米，可供使用空間充裕，創意群將讓空間化身為「紅蓮寺」，屆時，火燒遍野，將有讓觀眾置身火海的感覺。」

〔註2〕 國立傳統藝術中心：場館資訊——臺灣戲曲中心，臺灣戲曲中心官網，https://tttc.ncfta.gov.tw/home/zh-tw/about，最後檢索日期：2022 年 4 月 25 日。簡介述：「致力策辦高品質傳統表演藝術演出，透過節目製作達成維護傳統經典、銜接當代創意、探索未來趨勢目標，永續臺灣傳統表演藝術發展。」

　　此外也將傳統表演藝術的傳承以及普遍化作為目標，除了給予戲曲人才培育的資源外，也開辦戲曲體驗工作坊和各類講座。

　　基於這樣的理念〔註3〕下，臺灣戲曲中心推出了「承功──青春舞臺」系列的戲曲新秀演出，給予年輕一輩的青年戲曲演員展現技藝的舞臺，更如活動名稱一般，讓青年演員傳承、承接前輩們世代流傳的功法技藝，使傳統戲曲開枝散葉、生生不息。

　　另外戲曲中心也開辦「戲曲練功房」活動、「戲曲狂想兒童夏令營」營隊等各式活動，將傳統藝術之美帶入現代人的生活當中，使更多人了解傳統藝術之內涵。

　　臺灣戲曲中心做為近年來戲曲表演藝術演出熱門場域。除本身場域的名稱之外，其建築之外觀也以戲曲中「一桌二椅」的寫意概念進行建構〔註4〕。無論是場域名稱、建築構造、核心定位，臺灣戲曲中心可以說是以傳統表演藝術為重點發展之表演場域。

　　廖瓊枝老師帶領薪傳歌仔戲團，將《俠女英雄傳》帶入臺灣戲曲中心大表演廳，在嶄新的演出場域進行《火燒紅蓮寺》劇目的再製。《俠女英雄傳》劇目於105年及106年兩個年度，獲得文化部「表演藝術結合科技跨界創作」的補助款項。於再製演的過程中，使用了別於第一版本的科技技術及聲光效果，整體劇目於軟體、硬體設備上明顯可見差異之處。

　　無論於花蓮文創園區或是臺灣戲曲中心大表演廳，廖瓊枝老師率領製作團隊將《火燒紅蓮寺》及《俠女英雄傳》帶入劇場中，針對不同的演出場域進行劇目的設計與呈現，開展出兩劇目截然不同的面貌。

第一節　造景：從軟景、硬景至投影的使用

　　早年福州變景戲以及海派京劇的傳入，間接影響了臺灣眾多劇種的演出

〔註3〕國立傳統藝術中心：場館資訊──臺灣戲曲中心，臺灣戲曲中心官網，https://tttc.ncfta.gov.tw/home/zh-tw/about，最後檢索日期：2022年4月25日。簡介述：「扶植傳統表演藝術創作暨表演人才，傳承戲曲美學基因；並提供劇場專業設施及前後臺服務，與民間創作者共享藝文資源。積極規劃教育推廣活動，促進傳統表演藝術欣賞之扎根及普及，開拓觀眾群。」

〔註4〕國立傳統藝術中心：場館資訊──臺灣戲曲中心，臺灣戲曲中心官網，https://tttc.ncfta.gov.tw/home/zh-tw/about，最後檢索日期：2022年4月25日。簡介述：「建築師姚仁喜秉持「與自然共生」的建築美學，以「一桌二椅」作為整體發想，將戲曲藝術的寫意表演手法巧妙鑲入建築設計中。」

形式，於舞臺美術上，燈光布景的使用上更加多元創新，演出形式則是出現了連臺本戲的演出模式。

歌仔戲如此年輕的劇種，受到了福州變景戲以及海派京劇的影響，在舞臺演出上，開始使用不同的機關變景以及絢爛的燈光效果，除此之外也將火、水、爆破物、空中飛人的特殊技巧融入表演之中。

軟景與硬景於早年就存在於舞臺上，受到劇團大量的使用，主要使用目的，除了是增添戲碼的豐富性、可看性之外，也使觀眾對於戲碼內容更容易產生帶入感；軟、硬景並非是當今才出現的新產物，而是長年來被戲曲圈所大量使用且隨著年代改變的舞臺美術相關設備，其本質也顯現了每個年代戲曲不同的樣貌、觀眾所喜愛的風格。

如今歌仔戲及其他戲曲劇種，甚至是不同的戲劇領域（現代戲劇、歌舞劇等），皆利用軟景與硬景呈現舞臺美術的豐富性，創作出許多令人驚艷的劇作，而劇作也藉軟、硬景之助力，於情節場景呈現、角色人物塑造上達到更好的呈現效果。

一、《火燒紅蓮寺》場景塑造

整體舞臺分成上下兩層去進行各種場景的塑造，側臺分為三道幕。主要場景可以分為靈堂、甘家寨內部、甘聯珠房間、地牢、大雄寶殿的室內場景及旋轉景、樹林、山景、甘家寨外部、紅蓮寺外、街景的室外場景，以軟景作為大畫面的呈現，硬景景片則是作為輔佐場景呈現的作用。

在《序場》中，背景使用了旋轉景，呈現出人物的穿梭流動感，以及時間、場景的轉換。使用了石頭的硬景片，讓演員可以呈現出高低落差，為整體畫面增加層次感。

當所有演員進行第一次大亮相後，往左右側臺下場，開始進行角色分別的介紹，第一組紅姑與陳繼志採用一開始的旋轉景。而第二組桂武與甘聯珠時，進行轉場，將竹林的場景作為中隔幕使用。第三組柳遲與呂宣良的出場，再次轉場，將竹林的場景轉為樹林。

此場次的三道軟景，將舞臺切割為三等分，呈現出高低舞臺的層次。由於場地的高度較低，不適合用平台進行舞臺層次的呈現，改以將舞臺高度切為兩層，並利用軟景及景片呈現高低差。

而分組進行拉幕更換場景的動作，一方面使觀眾在各組人物出場時有不

同的感受,另一方面則是使技術人員有更充裕的時間可以將場景更換為第一
場的場景。

圖 4-1:《火燒紅蓮寺》旋轉景〔註5〕

圖 4-2:《火燒紅蓮寺》旋轉景轉竹林景〔註6〕

〔註 5〕圖片出處:2011《火燒紅蓮寺》DVD,擷取自 00:00:16。
〔註 6〕圖片出處:2011《火燒紅蓮寺》DVD,擷取自 00:00:43。

圖 4-3：《火燒紅蓮寺》竹林景轉樹林景〔註 7〕

在第一場〈紅衣素縞遙祭君〉中，主要呈現室內靈堂的場景，在靈堂中央挖空，使用紗片（參考圖 4-4），使陳友蘭的出現顯得玄幻、迷茫，形成類似於剪影的效果。

圖 4-4：《火燒紅蓮寺》靈堂景〔註 8〕

〔註 7〕圖片出處：2011《火燒紅蓮寺》DVD，擷取自 00:01:03。
〔註 8〕圖片出處：《火燒紅蓮寺》劇照，財團法人廖瓊枝歌仔戲文教基金會提供。

　　親族開始追殺紅姑後，快速拉出第一道的戶外場景景片，並將左右兩旁的室內硬景做翻轉，呈現戶外的樹林側面硬景。當暗燈轉場時，轉為戶外的旋轉景（參考圖4-1），呈現親族追殺紅姑時，紅姑竄逃的奔走感。

　　且使用了小石片硬景，塑造出山林的高低起伏，當桂武站於小石片上，紅姑的視角往上看，形成高低差，桂武往下摔落時，便可以讓觀眾聯想桂武從極高的山上摔落懸崖。

　　《火燒紅蓮寺》的硬景側翼片設計為可翻動轉式，兩面繪製的圖樣不同（參考圖4-5、圖4-6），可以於室內外軟景變換時，快速轉換側翼片，使整體舞臺畫面更一致。

　　第二場〈大義敢闖修羅群〉的場景主要為：甘家外景（參考圖3-21）、甘家內景、甘家寨景、甘聯珠房間景、山景、樹林景。

　　在〈甘家婚禮〉中，呈現了甘家外景與甘家內景，外景設置於第一道幕，呈現喜慶洋洋、紅燈籠高掛的軟景圖，顯示了甘家辦喜事的熱鬧感。第一道幕拉開，轉變為已經換場好的甘家內景，於較高的一層舞臺上擺設桌椅，利用兩層式舞臺形成室內、戶外的區隔。而〈密謀〉則是將舞臺燈光拉暗，左右舞臺利用不同的顏色的光區，形成兩個空間。

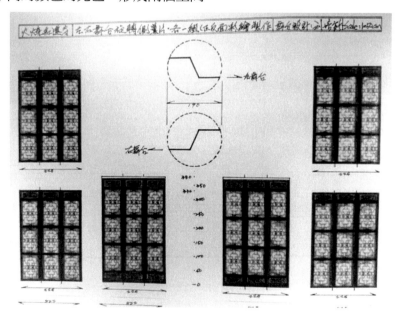

圖4-5：《火燒紅蓮寺》旋轉側翼片設計圖1〔註9〕

〔註9〕圖片出處：《火燒紅蓮寺》設計圖，財團法人廖瓊枝歌仔戲文教基金會提供。

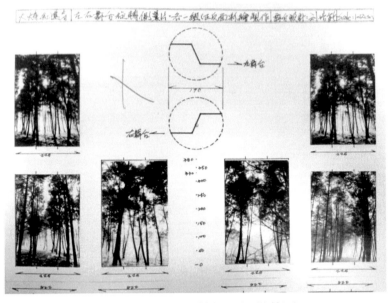

圖4-6：《火燒紅蓮寺》旋轉側翼片設計圖2〔註10〕

圖4-7：《火燒紅蓮寺》甘家內景〔註11〕

〈奉師命〉一折，場景轉換為戶外的山景，配合呂宣良及柳遲吊鋼絲的技術，呈現出修仙之人於仙山穿越之感，由於吊鋼絲技術的使用，在場上並沒有

〔註10〕圖片出處：《火燒紅蓮寺》設計圖，財團法人廖瓊枝歌仔戲文教基金會提供。
〔註11〕圖片出處：2011《火燒紅蓮寺》DVD，擷取自 00:15:36。

設置任何硬景片，使舞臺空間較大，給予演員走動、發揮的空間。〈真相〉一折轉場換景，將原先的山景改為樹林景。

圖 4-8：《火燒紅蓮寺》崑崙山景〔註 12〕

　　〈劫庫銀〉使用了旋轉景，配合燈光的明暗變化，呈現出一行人在趕路風塵僕僕的視覺效果。並在左上舞臺設置小石片，讓來追查真相的桂武站在石片上，呈現出桂武從山上往山下看的空間變化。

　　在一行人打鬥時，隨著柳遲出現，快速從第一道幕拉出樹林景，讓後面可以進行換景的動作。在〈闖關〉的一開始，使用了甘家內景的軟景，但由於要塑造房間的感覺，於左舞臺放置桌椅，右舞臺以屏風、垂降吊紗，呈現床的形象。使用的軟景不複雜，也沒有特殊的硬景擺放，但桌椅、屏風等道具多，勢必要於前一場景還在進行時，就開始換場。由此可解釋柳遲出場時，第一道樹林景轉換的必要性，能夠給予技術人員更多的時間更換場景。

　　〈闖關〉的後半段，甘聯珠與桂武決定要逃離甘家寨，場景也隨之轉變。在這邊因為是比較大的場景變動，所以有先進行暗燈轉場的動作，等場景轉換完成，才緩慢亮燈。亮燈後為甘家寨景，軟景使用了旋轉景，於舞臺上設置五組大型寨門的硬景片，頗有呈現過五關斬六將的情境。

　　在中間最大型的寨門硬景片前，設置了兩個樓梯，組成一個大型可站於上的樓梯平台。寨門的倒 V 型擺放設計，形成前景、中景、遠景的階層，呈現出

〔註12〕圖片出處：2011《火燒紅蓮寺》DVD，擷取自 00:20:22。

山寨的高低差，而倒 V 型的擺放位置，使視覺集中，自然而然的將視線放至樓梯平台上。甘祖母在於樓梯平台上，命令甘家寨所有人追殺甘聯珠與桂武，站於樓梯高台上的設定，也呈現出了甘祖母於甘家寨中崇高的身份地位。

圖 4-9：《火燒紅蓮寺》甘聯珠閨房景〔註 13〕

圖 4-10：《火燒紅蓮寺》甘家寨景〔註 14〕

〔註 13〕圖片出處：2011《火燒紅蓮寺》DVD，擷取自 00:38:08。
〔註 14〕圖片出處：2011《火燒紅蓮寺》DVD，擷取自 00:47:25。

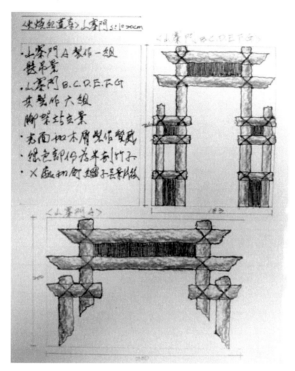

圖 4-11：《火燒紅蓮寺》寨門硬景片設計圖〔註 15〕

　　第三場〈煉獄浮屠青天困〉的場景主要為：街景、酒店景、樹林景、地牢景。〈假和尚〉一折戲中，和尚們到大街上化緣，軟景為街景，並沒有設置其他硬景，舞臺場面，適合同時比較多演員出現在舞臺上進行動作。〈查民情〉則是沿用了街景，沒有進行換景動作。

圖 4-12：《火燒紅蓮寺》街景設計圖〔註 16〕

〔註 15〕圖片出處：《火燒紅蓮寺》設計圖，財團法人廖瓊枝歌仔戲文教基金會提供。
〔註 16〕圖片出處：《火燒紅蓮寺》設計圖，財團法人廖瓊枝歌仔戲文教基金會提供。

〈酒店〉中，使用旋轉景作為大場面的構成，於上層舞臺擺設三組桌椅，放置立旗裝飾硬景，下層舞臺則未擺設任何道具或是硬景片，給予演員進出場的空間，也形成了店內、店外的意象。

圖 4-13：《火燒紅蓮寺》酒店景 〔註 17〕

〈卜文正被抓〉則是使用一道幕的樹林景，未設置硬景景片，一來讓演員在追逐過程中，有較大的空間可以進行動作場面的設計。再則是縮短〈地牢〉一折的換景時間，因〈地牢〉的場景，使用比較多大型的牢籠硬景片，需要比較長的換景時間，去呈現監牢的場景畫面。

〈地牢〉整體燈光跟色調偏暗，但燈光變換的過程，配上監牢直條狀的硬景，燈光會穿透景片空洞之處，隱約呈現淡淡的直條光影，顯示出地牢的空間感。

最後第四場〈火燒紅蓮得勝軍〉，整場中不斷的轉換場景空間及移動硬景景片，呈現紅蓮寺外、內的形象，也是最為考驗技術人員與演出者的一場戲。主要場景為：竹林郊外、紅蓮寺外、紅蓮寺內、旋轉景，以樹林景作為中隔幕、轉景的主要軟景。

在〈逍遙仙姑〉一折中，整體舞臺布景較為簡單。以竹林郊外軟景構成大畫面，舞臺上沒有另為設置小型硬景，利於演員武戲場面動作的發揮。逍遙仙

〔註17〕圖片出處：2011《火燒紅蓮寺》DVD，擷取自 01:19:41。

姑下場後，柳遲與桂武對話的過程，往下舞臺臺口移動，後面換成樹林景，接續到〈風雲起〉結束。空曠的舞臺除了給予演員發揮空間，也需要藉著演員的表演，去撐起舞臺場面。故〈風雲起〉中，設定安排了穿插的身段動作，耍劍穗、翻滾、翻身、蹦子等，使場面精彩、豐富。

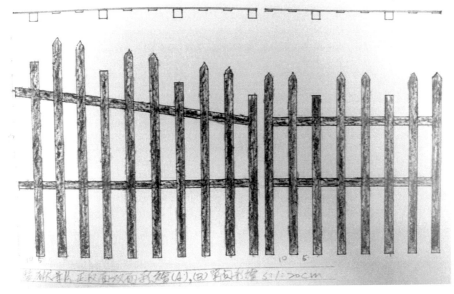

圖 4-14：《火燒紅蓮寺》監獄硬景片設計圖〔註 18〕

〈陷阱〉一折則是轉場為紅蓮寺外的景，並沒有使用大、小型硬景片。從此場戲的開始，到〈陷阱〉一折的前段，都未使用過多的景片及道具呈現場景。筆者認為這樣安排場景，是為給予〈陷阱〉一折後段開始，大量使用硬景片的紅蓮寺內場景，有足夠的換景時間。

〈陷阱〉的後段的場景轉換，藉著陸小青探查紅蓮寺的過程，隨著陸小青圓場的跑動，順勢將紅蓮寺外景拉開，呈現出紅蓮寺內的景象。藉由圖 4-15 與圖 4-16 可看出換景轉場的過程。陸小青於下舞臺進行圓場及身段動作展現，陸小青右手向外探，呈現了查探的意象，後方的布景隨著陸小青的探查動線（右手動向），往左舞臺的方向拉開。

紅蓮寺內景，以三塊大塊的硬景片為主體。左右兩邊的硬景片，黑金色外框景片與大面積的紅框咖啡色景片，形成可動式的旋轉門。中間的硬景片，則是將紅色外框與中間佛祖繪圖的景片，做成分離式的景片。

〔註 18〕圖片出處：《火燒紅蓮寺》設計圖，財團法人廖瓊枝歌仔戲文教基金會提供。

圖 4-15：《火燒紅蓮寺》〈陷阱〉換景過程 1〔註 19〕

圖 4-16：《火燒紅蓮寺》〈陷阱〉換景過程 2〔註 20〕

　　三大塊機關硬景片，藉著演員推動觸發機關，左右兩邊的旋轉門，以槓桿原理的方式，演員於對的地方施力就會進行轉動。而中間硬景片，外框藉著中

〔註 19〕圖片出處：2011《火燒紅蓮寺》DVD，擷取自 01:41:54。
〔註 20〕圖片出處：2011《火燒紅蓮寺》DVD，擷取自 01:41:54。

間景片支撐，當演員稍微施力觸碰到中間的景片時，外框便會失去支撐點，掉落下來。

藉由三大塊機關硬景片的使用，讓演員來回於旋轉門穿梭，呈現出紅蓮寺內設有層層機關的場面。

圖 4-17：《火燒紅蓮寺》紅蓮寺內景〔註 21〕

當柳遲將因於紅蓮寺中的陸小青救走後，再次拉上紅蓮寺外景，演員於下舞臺進行表演，採用與〈陷阱〉後段的換景方式一樣，讓演員在身段動作的過程，轉換場景。

〈陷阱〉整折戲至〈解危〉皆未使用暗燈進行換場，多以軟景的變化、前後舞臺的使用進行轉場，這樣的場景轉換，使戲的節奏發展流暢、緊湊，比較不易讓觀賞者因為轉場，產生情緒被打斷的現象。

在〈解危〉中，以竹林郊外軟景為主畫面，場上設置了斷樹的硬景景片（圖 4-18），斷樹中設有機關，配合演員「掌心雷」的招式，呈現招式打中樹幹，樹幹斷裂的畫面。

〈紅蓮劫〉一折的場景以紅蓮寺大殿（參考：圖 3-20）為主，背景沒有使用軟景建構，而是以可旋轉的硬景作為背板。左右兩邊使用旋轉門硬景，中間放至大尊佛像，場上設有兩組桌椅，呈現出佛門大殿的場景。

〔註 21〕圖片出處：2011《火燒紅蓮寺》DVD，擷取自 01:45:09。

圖 4-18：《火燒紅蓮寺》斷樹機關硬景〔註22〕

　　〈全面開戰〉則是作為協助換景的場次，二道幕位置拉竹林郊外景。全部演員以正、反兩派劃分，正方於下舞臺，反方於上舞臺，形成大型場面。技術人員藉由此場次，將原先紅蓮寺大殿的桌椅撤離，僅保留後方旋轉硬景片、左右旋轉硬景以及中間的佛像。

　　〈全面開戰〉後以撤離桌子的大殿景最為主要場景，顯示出雙方人馬位於紅蓮寺中開戰的畫面。在中間部分有轉換為竹林郊外景，表示雙方部分人馬從寺廟中，打鬥到寺廟外，形成空間轉換。

　　〈破機關〉一折中，場景依然延續使用大殿景。呂宣良及沈棲霞合力將機關破除後，後方可旋轉的主視覺硬景片轉動（圖 4-19），呈現出零散之感，也增強了劇中角色破除機關的情境畫面。

　　而此折戲中，另一經典的場景為與雨中砍芭蕉樹的段落。在破機關段落結束後，於場中進行轉場，並將場景改為旋轉景。芭蕉樹前面以裝有台車的小石頭硬景片遮擋（圖 4-20 樹前方灰色景片），一方面可以擋住芭蕉樹的機關設備，另一方面則是藉由石頭景片上的台車，可以迅速的將大型芭蕉樹定位於舞臺上，完成轉場的動作。

　　此場戲旋轉軟景的使用，強化了逍遙仙姑、常德慶、知圓和尚、知客和尚，逃出紅蓮寺被柳遲等人追趕的場面。

〔註22〕圖片出處：2011《火燒紅蓮寺》DVD，擷取自 01:48:56。

圖 4-19：《火燒紅蓮寺》大殿旋轉景片動態 1〔註23〕

圖 4-20：《火燒紅蓮寺》芭蕉樹機關小石片硬景〔註24〕

　　最後一折戲〈火燒紅蓮寺〉，場景回到紅蓮寺大殿景。大殿中設置了大型
銅鐘硬景，當眾人舉起銅鐘時並沒有讓銅鐘撤離舞臺畫面，反而將銅鐘留在舞

〔註23〕 圖片出處：2011《火燒紅蓮寺》DVD，擷取自 02:06:01。
〔註24〕 圖片出處：《火燒紅蓮寺》劇照，財團法人廖瓊枝歌仔戲文教基金會提供。

臺上，形成一種銅鐘被繩索吊著的感受。

最後的火燒紅蓮寺，將後方旋轉景片轉動，構成漸層的倒 V 型，空出中間的舞臺場域，使焦點聚焦在真火的使用上面。

圖 4-21：《火燒紅蓮寺》大殿旋轉景片動態 2〔註 25〕

《火燒紅蓮寺》整體的場景建構，多以軟景與硬景片構成，透過雙面繪圖的景片，配合軟景建構場面。

樹林景的運用，可以被歸類至作為中隔幕的使用，運用在情節節奏緊湊，不能使用暗燈作為轉場形式的場次中。

舞臺的上下分層，使場景有更多的多變性。活動式的硬景片，補足整體畫面細節，像是呈倒 V 型的景片擺設，有助於視覺的聚焦、利用台車小石片遮擋芭蕉樹的機關。

整體來說場景軟硬景的使用，對於整齣戲的呈現起了很大的作用，為戲增添更多的可看性。

二、《俠女英雄傳》場景塑造

《俠女英雄傳》整體舞臺使用了木質板塊搭建在原本的舞臺上，並藉由三種高度的平台去建構舞臺低、中、高的場面層次。主要場景可以分成室內

〔註 25〕圖片出處：2011《火燒紅蓮寺》DVD，擷取自 02:14:40。

景、室外景以及其他景。

　　室內景為：靈堂、甘家寨內、甘聯珠閨房、城裡酒店、紅蓮寺地牢、紅蓮寺內、紅蓮寺迴廊、紅蓮寺大雄寶殿、紅蓮寺後殿。室外景：郊外、郊野樹林、紅蓮寺外、雲山景、大街、樹林、雲景、紅蓮寺外牆。其他景則是抽象景及破機關景兩種。軟景與硬景的使用極少，主要以投影、平台取代了軟、硬景的使用，各場景的塑造，藉由投影變化、平台移動、懸吊硬景，進行轉換場，建構舞臺。

　　序幕以《俠女英雄傳》主題曲去介紹劇中部分主要角色及角色人物之間的關係，平台以王字型呈現，在平台的左右兩側分別設置樓梯，使演員能夠從不同的方位走上平台，唱詞介紹到哪個角色人物，投影隨之投出角色人物的劇照，加強觀眾對角色人物的印象。當序幕結束後，直接以投影的方式介紹製作團隊。這樣的安排，有別於過往劇目開始前先對製作團隊進行介紹的慣性流程，切割了序幕與劇目的關係，使序幕單純作為一種節目冊的用途，讓觀眾對劇中角色人物有初步的印象。

　　〈序場〉為惡徒侵佔紅蓮寺的場面，投影畫面呈現紅蓮寺外的場景，整體平台偏於右舞臺，且在中層平台後方設至彈簧床，讓演員從高平台跳彈簧床至中平台（參考圖4-22紅色箭頭標記處），形成惡徒翻牆至紅蓮寺內的意象。

圖 4-22：《俠女英雄傳》彈簧床使用示意〔註26〕

〔註26〕圖片出處：2017《俠女英雄傳》驗片用影片，擷取自 00:06:47。

　　第一場〈爭財產〉以靈堂及郊外兩個景構成。開場時，為紅姑哭靈的情節。投影為窗戶景，在靠近左舞臺的位置，降下「奠」字軟景與紗景，並於下方設置靈堂桌，呈現室內靈堂景。右舞臺的平台則是沿用了〈序場〉的擺設位置，沒有進行平台的挪動。紅姑於左舞臺搭設的靈桌祭拜陳友蘭，親族與小桂武從右舞臺的平台進入舞臺。左右舞臺的場景塑造，清楚的將舞臺進行切割（參考圖 4-23 切割線），可明顯將室外（平台區）及室內（靈堂區）劃分出來。

圖 4-23：《俠女英雄傳》靈堂景畫面切分示意〔註 27〕

　　在〈靈堂〉至〈爭財產〉由於平台的擺放位置要由右舞臺推延至左舞臺，以暗燈的方式進行轉場，背後投影轉為郊外。低平台與中平台刻意凸出直走道平台，藉演員險些跌落和跳下平台的動作（參考圖 4-24），呈現懸崖峭壁的意象。

　　第二場〈甘家婚禮〉的主要場景為：甘家寨內景、雲山景。〈甘家婚禮〉一折，背景投影使用了窗戶景，表示場景為室內空間，投影畫面增加了紅燈籠，呈現了喜慶之感。

　　大型平台集中擺放至舞臺中央，低平台與中平台接連與高平台呈現出兩個空間場域，三組階梯設於左右中三處，讓演員可以從不同的方位上、下平台。甘祖母由高平台上場，甘瘤子與甘大娘由中平台上場，兩組人皆使用中間樓梯下平台，而逍遙仙姑一行人則是從高平台出場，由右舞臺樓梯下場。

〔註 27〕圖片出處：2017《俠女英雄傳》驗片用影片，擷取自 00:08:31。

圖 4-24：《俠女英雄傳》〈爭財產〉平台位置及演員掉落懸崖呈現〔註28〕

　　三組人馬使用平台的方式，將空間劃分出來，甘祖母與甘瘤子皆是於甘家寨內，從甘家寨內不同的地方到大廳，而逍遙仙姑等人則是由室外進入到甘家寨中。

圖 4-25：《俠女英雄傳》甘家寨內景〔註29〕

〔註28〕圖片出處：2017《俠女英雄傳》驗片用影片，擷取自 00:19:02。
〔註29〕圖片出處：2017《俠女英雄傳》驗片用影片，擷取自 00:21:47。

〈甘家婚禮〉轉〈柳遲下山〉採全暗燈轉景，投影變化為雲山景。中平台移動至左中舞臺，低平台移動至右下舞臺，交錯的平台擺放位置，配合投影的高山畫面，呈現出山林之間的高地落差。

呂宣良與柳遲的定位，也顯示了師徒兩人之間上及下的關係。在柳遲與呂宣良懸吊出場的過程，使用了煙機輔助輔助場面，動態的煙霧瀰漫至舞臺上方，讓兩人在懸吊降落的過程，可以藉由煙霧的飄動轉移觀眾焦點，也使整體場面呈現山間煙雲迷漫之感。

圖 4-26：《俠女英雄傳》雲山景〔註30〕

第三場〈紅姑下山〉主要場景投影為峨眉山景（參考圖 4-27）。平台的擺放，將原先中平台往上舞臺方向挪動與高平台連接，於平台前放置兩組合併樓梯，低平台的位置沿用〈柳遲下山〉的定位。沈棲霞站於高處看紅姑與繼志對練，也是藉著平台高低、演員站位，呈現人物上、下關係。整體的畫面呈現與〈柳遲下山〉有異曲同工之妙。

第四場〈發現真相〉為全劇分場較多的場次之一。主要運用的投影景為郊外景、郊野樹林景、甘聯珠閨房景、雲山景、樹林景，在樹林景中加入了懸吊竹子的硬景。此場的前四折戲〈發現真相〉、〈劫庫銀〉、〈出走一〉、〈出走二〉，平台皆使用一樣的擺放位置，沒有進行挪動。

〈發現真相〉一折戲，投影背景使用郊外景，使用煙機製造晨霧之感。平

〔註30〕圖片出處：2017《俠女英雄傳》驗片用影片，擷取自 00:29:51。

台的擺設，將低平台定位至右舞臺，呈斜四十五度角，並於短邊擺放樓梯，而中平台則是定位於左中偏下舞臺處，運用直平台接連後面的高平台，形成一個工字形，於靠近左舞臺的地方擺設樓梯。桂武與柳遲，都是由右舞臺低平台處出場，形成了一種由其他場域進入至郊外場域的抽象感受。

圖 4-27：《俠女英雄傳》峨眉山景〔註31〕

圖 4-28：《俠女英雄傳》〈發現真相〉郊外景〔註32〕

〔註31〕圖片出處：2017《俠女英雄傳》驗片用影片，擷取自 00:33:20。
〔註32〕圖片出處：2017《俠女英雄傳》驗片用影片，擷取自 00:42:49。

〈劫庫銀〉一折，將投影畫面轉為郊野樹林景（圖4-29），平台未進行變動。藉由演員出場的外置及演員的站位，呈現出平路與山地的高低落差區隔。

圖4-29：《俠女英雄傳》〈劫庫銀〉郊野樹林景1〔註33〕

圖4-30：《俠女英雄傳》〈劫庫銀〉郊野樹林景2〔註34〕

〔註33〕圖片出處：2017《俠女英雄傳》驗片用影片，擷取自00:46:10。
〔註34〕圖片出處：2017《俠女英雄傳》驗片用影片，擷取自00:48:24。

卜文正一行人從低平台與中平台中之間的翼幕出場，顯示了卜文正一行人正穿梭於山野間的平路上。甘瘤子的手下躲藏於中平台後方，呈現了躲於山中隱密之處的狀態，甘瘤子等人則是站於高平台上，表示在高山上看卜文正押送官銀的過程（參考圖4-30的角色人站位）。

〈出走一〉、〈出走二〉的場景為甘聯珠閨房，後方天幕沒有使用投影畫面，藉著桌椅道具呈現場景。〈劫庫銀〉轉場至〈出走〉時，並沒有進行全場暗燈的換場。在〈劫庫銀〉的後段中，桂武站於在左舞臺的高平台上進行表演，藉由場燈由紅光拉暗，打追蹤燈在桂武身上的方式（圖4-31），使觀眾產生視覺暫留，將注意力集中在桂武身上。

圖4-31：《俠女英雄傳》〈劫庫銀〉轉場燈光呈現〔註35〕

技術人員藉由觀眾視覺暫留的瞬間，將桌椅道具定位在右上舞臺，燈桿降下閨房布簾，完成換景的動作。當換景完成後，桂武於平台下至舞臺地面上，呈現歸家之感。舞臺左右，以黃燈與紫燈進行室內、外區分（圖4-32）。

〈過四關〉將背景投影換成〈柳暹下山〉一折中使用的雲山景，平台並沒有進行過多的改動，只將原先於中台平靠近左舞臺的樓梯，移動至中平台靠近右舞臺的一側，整體畫面來看，樓梯由左舞臺的位置移到舞臺正中央（圖4-33）。

〔註35〕圖片出處：2017《俠女英雄傳》驗片用影片，擷取自00:52:50。

圖 4-32：《俠女英雄傳》甘聯珠閨房景〔註36〕

圖 4-33：《俠女英雄傳》〈過四關〉雲山景〔註37〕

　　樓梯細微的移動，一來使視覺聚焦在隨著樓梯移動到舞臺正中，讓甘祖母站於樓梯後，隨著視覺集中，呈現出甘祖母於甘家寨中為掌控權勢的中心人物，顯示角色人物崇高地位。二來是讓演員在進行表演時，不用在繞至旁邊下

〔註36〕圖片出處：2017《俠女英雄傳》驗片用影片，擷取自 00:54:37。
〔註37〕圖片出處：2017《俠女英雄傳》驗片用影片，擷取自 01:08:49。

－186－

平台，使戲的發展節奏不受到影響。

最後一折〈神鷹救人〉，主要場景為樹林，投影為林木密集的畫面，場上使用懸吊竹子景片構成整體畫面。

在〈過四關〉轉場至〈神鷹救人〉時，因為要將平台全部撤離舞臺區，短時間要進行快速換景，通常技術人員為求速度，在動作上會比較大，使用全場暗燈的方式換場可以降低穿場的可能性。

沒有使用平台及樓梯的情況下，舞臺會顯得較為單薄，為了補足空間畫面，運用了吊於不同燈桿上的竹子硬景，輔助場面建構。

靠近上舞臺的燈桿為整排的竹子，中間燈桿的竹子設置在靠近右舞臺的位置，在靠近上舞臺的竹子則是設於左舞臺的位置。這樣插空式的安排，保留了中間的舞臺區域，使演員在進行表演時，不被布景限制空間走位。

圖 4-34：《俠女英雄傳》〈神鷹救人〉樹林景、追魂劍雷射呈現〔註 38〕

第五場〈查民情〉，主要場景為大街景、酒店景、樹林景、地牢景，大街景及酒店景的平台設置相同，樹林景透過暗燈進行投影及平台以動的轉場方式，而地牢景則是使用場燈變化跟追蹤燈進行換場。

〈假和尚〉與〈查民情〉兩折戲，投影背景呈現的都是大街的場景，但透過畫面屋簷的角度，可以察覺到投影出來的街景是兩個不同的畫面。

〔註 38〕圖片出處：2017《俠女英雄傳》驗片用影片，擷取自 01:17:16。

　　〈假和尚〉中的投影畫面，屋簷的形式為平整的線條（圖 4-35）。〈查民情〉的大街景，背景投影出來的屋簷畫面，屋簷的形式則以斜角進行呈現（圖 4-36）。

圖 4-35：《俠女英雄傳》〈假和尚〉大街景〔註39〕

圖 4-36：《俠女英雄傳》〈查民情〉大街景〔註40〕

〔註39〕圖片出處：2017《俠女英雄傳》驗片用影片，擷取自 01:19:25。
〔註40〕圖片出處：2017《俠女英雄傳》驗片用影片，擷取自 01:21:56。

　　轉場至〈酒店〉時，並沒有進行換場的動作，由於在〈假和尚〉一折暗燈轉場時，舞臺技術人員藉著燈區轉換的視覺差，於黑暗中將酒店需要的桌椅先行定位於下舞臺的區域，當演員就定位，燈光進行轉換即可接續表演。

　　可以運用此種方式進行換場，主要原因是〈查民情〉一折，演員演出的區域在上舞臺的高平台上，燈光主要打在演員身上及定位表演的區域（參考圖4-36右半部），事先擺設桌椅道具，並不會影響演員的演出，而上舞臺未使用燈光，也避免了觀眾失去焦點。

　　當卜文正下令與陸小青分頭查探後，演員由高平台緩慢走向中平台時，場燈微亮，燈桿降下「悅來客棧」字樣的招牌軟景，直接進行轉場。背景投影轉為大街景與窗戶景的重疊畫面，呈現了從酒店內看出去酒店外的景象。

　　而低平台靠近右舞臺一側設有樓梯，當卜文正由高平台走至低平台的過程，與正要離去的酒店客人閃身而過。酒店小二的視線往樓梯看去，卜文正下階梯後，小二靠近靠近樓梯旁做招呼的動作。

　　整段走位的設計安排，劃分出室內、外的空間。高台的區域表示了室外空間，藉由階梯進行空間感的轉換，下階梯後舞臺平面為酒店內的空間（圖4-37）。

圖 4-37：《俠女英雄傳》酒店景〔註41〕

〔註41〕圖片出處：2017《俠女英雄傳》驗片用影片，擷取自 01:23:38。

〈酒店〉與〈卜文正被抓〉之間的轉場，要由酒店的室內景轉為樹林戶外場景，在平台上有比較大的差異變動，採以暗燈的方式進行轉場動作。

〈卜文正被抓〉一折，投影畫面呈現樹林景，硬景使用了懸吊竹林，與〈神鷹救人〉的場景相同（參考圖 4-34），差別在於平台的使用。

〈卜文正被抓〉中，平台定位在懸吊竹子的後方，藉由懸吊竹子及平台擺設位置，將舞臺切分為三等（參考圖 4-38 箭頭標記位置及方向）。演員在舞臺與平台進行來回穿梭時，呈現山野間諸多岔路的畫面，而階梯的定位的方向朝向側臺，作為引導觀眾視覺走向的設計細節。

圖 4-38：《俠女英雄傳》〈卜文正被抓〉樹林景〔註42〕

〈地牢〉的轉場方式，以光區與追蹤燈的使用進行轉場，使戲劇節奏不被換景的時間差打斷，在雪蓮獨自展現的唱段中，完成紅蓮寺內地牢場景的轉換。

紅蓮寺地牢景，以投影呈現地牢中大石塊建造的牆面，塑造冰冷堅硬的觀感。將原先的懸吊竹子升至沿幕上，降下牢籠硬景片，低平台撤離舞臺區，中平台的位置維持不變，將連接高、中平台的直平台往中央移動，平台定位呈現 C 字型。

牢籠硬景片一個設置在右下舞臺，一個偏設於左偏中上舞臺，形成畫面對稱，硬景片定位的高低位置，塑造出地牢中牢房的空間位置。

〔註42〕圖片出處：2017《俠女英雄傳》驗片用影片，擷取自 01:28:35。

　　演員於硬景片後進行表演，從觀眾的視角看向舞臺，可清楚明顯的看出紅蓮寺地牢場景的空間構造。

　　雪蓮由左下舞臺進入地牢，帶領卜文正及眾少女離開地牢時走上平台，往上舞臺的方向移動，知圓和尚等人從右舞臺的高平台出現。藉由演員的走位，可以推斷出地牢門的位置方向。

圖 4-39：《俠女英雄傳》地牢景〔註43〕

　　第六場〈迷魂小青〉，主要場景為：雲景、樹林景。在此折戲的開頭，投影轉為雲景，使用煙機輔助雲景畫面呈現。演員於場中，藉著鋼絲懸吊，由右舞臺往左舞臺移動，整體塑造出在雲中飛行、穿梭的感覺。

　　雲景呈現完後，正式切入〈迷魂小青〉一折主要情節，場景轉為樹林景（圖 4-41），平台定為成階梯型，抽象表達出山野間的高低起伏。

　　陸小青在唱段中，由右舞臺的階梯上平台，從中間階梯下平台，顯示了穿梭於樹林間尋找路徑的意象。而逍遙仙姑從高平台出場，跟隨陸小青走過的路線，呈現出在同一條路上，跟隨其後的畫面。角色人物出場使用不同高度的平台，使畫面產生高、低落差。

　　第七場〈火燒紅蓮寺〉是劇中場景變化最多的一場，主要場景為：紅蓮寺內景、紅蓮寺迴廊景、紅蓮寺大雄寶殿景、紅蓮寺後殿景、紅蓮寺外景、紅蓮寺外牆景。

〔註43〕圖片出處：2017《俠女英雄傳》驗片用影片，擷取自 01:28:35。

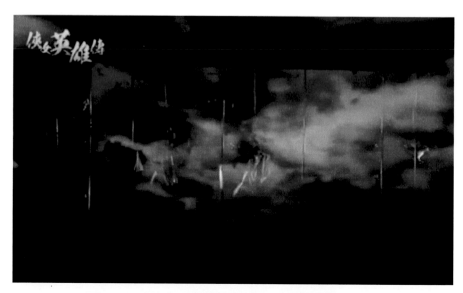

圖 4-40：《俠女英雄傳》雲景、橫向懸吊〔註44〕

圖 4-41：《俠女英雄傳》〈迷魂小青〉樹林景〔註45〕

在〈陷阱〉的前段，場面由大型門板硬景組成，拉出左右兩邊翼幕，遮擋門板以外的舞臺空間，呈現紅蓮寺大門。紅蓮寺大門的場面建構，直接劃出門內、門外的空間。在陸小青碰觸大門機關後，門板硬景片與翼幕往左右兩側撤離，轉場為紅蓮寺迴廊景。

〔註44〕圖片出處：2017《俠女英雄傳》驗片用影片，擷取自 01:40:34。
〔註45〕圖片出處：2017《俠女英雄傳》驗片用影片，擷取自 01:40:34。

圖 4-42：《俠女英雄傳》紅蓮寺門景〔註46〕

圖 4-43：《俠女英雄傳》〈陷阱〉紅蓮寺迴廊景〔註47〕

〈陷阱〉後段，為紅蓮寺迴廊景，背景投影使用花紋牆面與柱子，展現紅蓮寺迴廊的樣貌。

平台定位，由右舞臺延伸至左舞臺，呈現斜 T 字型。場上設有飛箭、人牆的大型機關布景，構成紅蓮寺迴廊的場景。

〔註46〕圖片出處：2017《俠女英雄傳》驗片用影片，擷取自 01:53:09。
〔註47〕圖片出處：2017《俠女英雄傳》驗片用影片，擷取自 01:55:35。

　　平台在此場中，作為兩個意象使用，一個是讓角色人物躲藏的牆柱，一個是紅蓮寺迴廊的走道。陸小青在探查過程中，聽聞到有人的動靜時，閃身躲藏到平台平面下方，平台成為牆柱的意象。當陸小青翻上平台後，平台的意象轉變為實體紅蓮寺內的迴廊走道。

　　〈陷阱〉轉〈解危〉場面變動比較大，使用全場暗燈的時間進行轉場。〈解危〉場景為紅蓮寺外景，投影畫面為紅蓮寺建築遠景景觀，將原先〈陷阱〉T字型平台拆開，形成兩個不同的平台區，懸吊竹子僅使用靠近上舞臺的滿排竹子。

圖 4-44：《俠女英雄傳》〈解危〉紅蓮寺外景方向示意〔註 48〕

　　投影畫面、舞臺上平台及竹子裝置、演員定位點，三者之間形成明顯的景深。由觀眾席往舞臺方向看，投影畫面為遠景，平台、懸吊竹子為中景，演員進行表演的位置為前景，加上燈光輔助，將觀眾視線聚焦在演員身上。

　　此段落主要為紅姑等角色人物的會合及分散的場景。場燈亮時，柳遲坐在中間階梯，桂武等人分散站在左下舞臺，保留了右舞臺的空間位置，紅姑與陸小青從右舞臺高平台出現，從右舞臺階梯下平台，與桂武等人會合，顯示出紅蓮寺的位置。

　　桂武領令牌後，與甘聯珠從舞臺平面往左舞臺下場，紅姑與陳繼志由左

〔註 48〕圖片出處：2017《俠女英雄傳》驗片用影片，擷取自 01:58:34。

舞臺高台下場,陸小青則是移動到右舞臺平台上,常德慶從右舞臺的舞臺平
面上場。

角色人物以四散的方式進行上、下場,四組人馬上、下場的方向(參考
圖4-44箭頭方向),凸顯出紅蓮寺的地理位置位於整個舞臺的中間,右舞臺跟
左舞臺為偏離紅蓮寺的方向,右舞臺平台及左舞臺平台為靠近紅蓮寺外牆的
位置。

以暗燈的方式轉場至〈大雄寶殿〉一折,場景為紅蓮寺內大雄寶殿,背景
投影畫面呈現三尊佛像,平台的定位與〈陷阱〉一樣為T型,在中平台連接處
多放至一座階梯。場面藉平台位置切割出三等分,呈現大雄寶殿中高、低差,
在下舞臺保留較大的面積空間,讓演員的表演不受到平台限制。

圖4-45:《俠女英雄傳》大雄寶殿景〔註49〕

雙方對峙的場面,演員分散定位在低、中、高平台以及舞臺平面,以漸層
站位的方式將整個舞臺場域填滿,呈現正邪對立、人馬眾多的場面。

由於〈破機關〉一折使用了比較多大型機關布景,在〈大雄寶殿〉轉場過
程,使用全場暗燈的方式進行轉場。〈破機關〉的開場場景與〈陷阱〉前段的
景相同,為紅蓮寺大門景(參考圖4-42),而後轉為破機關景。

此折戲的景主要由大型機關布景與平台建構,為了凸顯機關布景,天幕並
沒有使用投影呈現畫面,以黑色作為背景,將整個舞臺場域的焦點集中在機關

〔註49〕圖片出處:2017《俠女英雄傳》驗片用影片,擷取自02:03:04。

布景上，讓觀眾可以更清楚的將焦點鎖定在機關布景（五龍吐真水、飛箭）運用的瞬間。在最後破機關的瞬間，利用了煙機與雷射，去輔助破除機關畫面的呈現。

〈破機關〉的後段運用暗燈轉場，場景為紅蓮寺外芭蕉樹景，背景投影畫面為有屋簷的牆面，呈現了紅蓮寺外圍的景像（圖 4-46）。平台全部集中至中上舞臺，保留了大面積的舞臺平面空間設置芭蕉樹。

圖 4-46：《俠女英雄傳》雨中砍芭蕉樹景〔註 50〕

平台移動至中上舞臺，一來因場上需設置四顆芭蕉樹機關布景，演員來回穿梭於芭蕉樹之間及芭蕉樹被砍斷的場面，需要比較大的舞臺空間。

二者是演員安全性問題，此段中為雨中砍芭蕉樹的橋段，使用了舞臺降雨設備，由於演員需要不斷藉由平台進行走位，當平台被降雨設備淋濕時，會導致演員使用平台的危險性增加，故將平台的定位移動至中上舞臺，避開降雨設備的範圍。

最後一折〈火燒紅蓮寺〉，場景為紅蓮寺後殿。投影畫面與〈陷阱〉紅蓮寺迴廊相同（參考圖 4-43），平台移動至左右舞臺，形成兩個區域，場中懸吊大型銅鐘硬景。演員來回在平台、舞臺平面進行表演，將紅蓮寺後殿複雜地形的意象呈現出來。

〔註 50〕圖片出處：2017《俠女英雄傳》驗片用影片，擷取自 02:17:03。

圖 4-47：《俠女英雄傳》紅蓮寺後殿景〔註51〕

《俠女英雄傳》整齣戲的舞臺場面，除了將翼幕拉出，作為舞臺場面的一部分以外，可以說是幾乎沒有使用軟景去建構場景的主要畫面。

各場景的畫面以投影的方式去呈現，以投影取代了軟景的使用。這樣的方式，優點在於：

（一）減少換景的程序，舞臺組的技術人員在轉換場景時只要注意場上所需要的大型平台及道具的擺設位置。

（二）比較不會出現軟景收藏於翼幕後面，擋住演員出場動線的問題。

（三）場景的呈現可以進行畫面疊加，較為軟景有更多的變化。

（四）不用因場地大小重新製作軟景。

而缺點在於：

（一）當場上舞臺燈太亮時，投影畫面會被光線影響。

（二）投影畫面多半投在天幕的位置，舞臺場域的前後層次需要藉由其他裝置協助呈現。

（三）投影裝置如遇故障，會大幅影響演出呈現。

硬景的部分，僅使用了懸吊的竹子、柵欄、銅鐘、門片的硬景。以平台取代硬景片的使用，將寫實的硬景片轉以寫意的平台構成場面。

〔註51〕圖片出處：2017《俠女英雄傳》驗片用影片，擷取自 02:18:31。

平台的使用，如傳統戲的一桌二椅一般，藉由形式的改變、演員的表演，展現出當下平台寫意的形象。燈光上使用大量的電腦燈及雷射燈輔助畫面，如角色人物使用梅花針時，雷射光線與角色人物動作方向一致，顯示出梅花針射出去的過程及方向。

整體來說《俠女英雄傳》的舞臺場面建構，將比較多的科技元素使用在戲曲舞臺上，突破傳統的舞臺場面風格，為劇場歌仔戲的演出增添新的面貌。

第二節　舞臺裝置：懸吊方式、降水裝置與大型機關

一、懸吊方式

所謂舞臺懸吊系統，指的是控制舞臺吊桿的系統，可分為電動吊桿及手動吊桿，為演出中重要呈現場景的系統。但筆者於此要分析的，並不是整個舞臺的懸吊系統，而是將焦點放在兩劇目使用懸吊（吊鋼絲）的方式進行分析。

吊鋼絲的技術，時常運用於表演藝術中，最早由影視先開始使用，而後被運用至舞臺上。歌仔戲吸收吊鋼絲的技術後，頻繁的將此技術運用於舞臺上，使用吊鋼絲來呈現華麗的舞臺場面，如空中飛人、空中飛龍等。而《火燒紅蓮寺》與《俠女英雄傳》兩劇目，也使用了吊鋼絲的技術，為劇目增添更多可看性。

（一）《火燒紅蓮寺》鋼絲運用

《火燒紅蓮寺》中，鋼絲主要運用在神鷹、階梯以及擁有法術的角色人物上，有：沈棲霞、柳遲、呂宣良、紅姑、陳繼志、逍遙仙姑。

1. 沈棲霞角色人物

在〈爭財產〉中，沈棲霞由舞臺中間飛下解救紅姑（圖4-48），而紅姑在被親族追殺時，閃身進景片中，將鋼絲扣環扣上「空中繩仔」〔註52〕上，最後兩人一起利用鋼絲飛離舞臺。

2. 呂宣良與柳遲角色人物

〈柳遲下山〉一折，呂宣良及柳遲在唱段中，從舞臺中間燈桿飛下，煙機輔助畫面呈現雲霧之感。柳遲領呂宣良命令要下山時，先快走原場至右下舞臺，瞬間往左舞臺的方向向上跳耀，以斜角度飛下場。

〔註52〕「空中繩仔」為閩南語發音用字，意指歌仔戲中人力拉吊鋼絲的安全繩。

圖 4-48：《火燒紅蓮寺》沈棲霞吊鋼絲呈現〔註53〕

圖 4-49：《火燒紅蓮寺》呂宣良、柳遲吊鋼絲呈現〔註54〕

3. 紅姑與陳繼志角色人物

〈紅姑下山〉中，紅姑與陳繼志沒有使用吊鋼絲的方式出場，只有在下場
的時候使用吊鋼絲的方式。兩人未於出場就將鋼絲扣在身上，而是情節安排，
讓兩人分別進入左右側臺進行吊鋼絲的準備。飛下場時，拉鋼絲的時間差，形
成陳繼志跟隨紅姑身後的意象。

〔註53〕 圖片出處：2011《火燒紅蓮寺》DVD，擷取自 00:12:13。
〔註54〕 圖片出處：2011《火燒紅蓮寺》DVD，擷取自 00:20:22。

圖 4-50：《火燒紅蓮寺》紅姑、陳繼志吊鋼絲呈現〔註55〕

4. 逍遙仙姑角色人物

在〈全面開戰〉中，逍遙仙姑與陳繼志進行武戲場面時，使用了吊鋼絲的方式呈現。

圖 4-51 的右邊半邊標記處，可以看出演員於側臺準備時鋼絲拉扯的動向，鋼絲線從中間支點，拉至左右舞臺，演員需順應著鋼絲支點的方向，進行出場動作的設計與安排。

圖 4-52 則是逍遙仙姑與陳繼志進行吊鋼絲武戲的過程，兩者於上層舞臺，使用鋼絲進行跳耀、拉扯的動作。

由畫面可見鋼絲懸吊支點的設置位置，偏向靠近舞臺中心，而演員使用懸吊時，因安全性的關係，需要留較大的表演空間給予演員發揮。

在左右舞臺懸吊支點的位置，留有一定的空間情況下，演員在演出吊鋼絲武戲時，需要借助彼此的力量拉住對方，才使安排的動作可以確實呈現。

5. 道具、景片——神鷹懸吊

在劇目中，神鷹為極其重要的道具，書信的傳遞以及幫助桂武及甘聯珠的情節，都是藉由神鷹去進行。在〈闖關〉以及〈紅姑下山〉都使用懸吊神鷹，神鷹飛出的方式，在兩折戲中皆是從舞臺中央飛下，演員去配合神鷹的位置去做身段動作的安排。

〔註55〕圖片出處：《火燒紅蓮寺》劇照，財團法人廖瓊枝歌仔戲文教基金會提供。

圖 4-51：《火燒紅蓮寺》逍遙仙姑、陳繼志吊鋼絲武戲 1 〔註 56〕

圖 4-52：《火燒紅蓮寺》逍遙仙姑、陳繼志吊鋼絲武戲 2 〔註 57〕

　　〈闖關〉中，神鷹飛下時，演員藉由前後換位，表示準備攻擊神鷹的意象，當神鷹定位完，演員才靠近將拐杖勾在神鷹身上的鉤子，呈現出神鷹勾走拐杖的畫面（參考圖 4-53）。

〔註 56〕圖片出處：2011《火燒紅蓮寺》DVD，擷取自 01:59:46。
〔註 57〕圖片出處：2011《火燒紅蓮寺》DVD，擷取自 01:59:52。

　　而〈紅姑下山〉中，神鷹飛下，演員先往後退表示對神鷹到來的疑惑，神鷹定位完，演員才前去將神鷹嘴上叼的書信取下（參考圖4-54）。

圖 4-53：《火燒紅蓮寺》神鷹懸吊使用 1〔註58〕

圖 4-54：《火燒紅蓮寺》神鷹懸吊使用 2〔註59〕

〔註58〕圖片出處：2011《火燒紅蓮寺》DVD，擷取自 01:02:21。
〔註59〕圖片出處：《火燒紅蓮寺》劇照，財團法人廖瓊枝歌仔戲文教基金會提供。

6. 道具、景片——繩索與銅鐘懸吊

在〈探寺〉一折中，左舞臺的鋼絲使用在柳遲身上，而右舞臺的鋼絲則是懸吊階梯，讓陸小青踩在繩索階梯上。

圖 4-55：《火燒紅蓮寺》階梯懸吊使用〔註60〕

圖 4-56：《火燒紅蓮寺》銅鐘懸吊使用 1〔註61〕

〔註60〕圖片出處：《火燒紅蓮寺》劇照，財團法人廖瓊枝歌仔戲文教基金會提供。
〔註61〕圖片出處：2011《火燒紅蓮寺》DVD，擷取自 02:13:06。

圖 4-57：《火燒紅蓮寺》銅鐘懸吊使用 2〔註 62〕

　　最後一折〈火燒紅蓮寺〉中，銅鐘也是藉著鋼絲懸吊，由於銅鐘硬景太大，沒辦法飛進沿幕上，以懸吊的方式將銅鐘吊於半空，呈現出銅鐘原就存在於紅蓮寺中的意象。

（二）《俠女英雄傳》鋼絲運用

　　《俠女英雄傳》中，鋼絲運用於神鷹及部分角色人物上，使用吊鋼絲的角色人物為：沈棲霞、紅姑、呂宣良、柳遲、陳繼志、陸小青。以下分別敘述角色人物與神鷹吊鋼絲的呈現方式。

1. 角色人物——沈棲霞與紅姑

　　在〈爭財產〉一折中，紅姑遇難沈棲霞出手相助的情節，沈棲霞以吊鋼絲的方式出場，從右舞臺上空斜飛至舞臺平面上，在沈棲霞上場的同時，紅姑進到翼幕裡，將懸吊鋼索勾到威牙衣上（圖 4-58）。

　　在情節設定中，紅姑於此段落尚不會武功、法術，在最後沈棲霞帶領紅姑飛下場時，沈棲霞將雲帚拋給紅姑，兩人飛下安排鋼絲啟動的時間差，形成沈棲霞帶領紅姑飛行的意象。

2. 角色人物——呂宣良與柳遲

　　在〈柳遲下山〉中，呂宣良與柳遲皆以吊鋼絲且邊唱邊飛的方式出場（圖

〔註 62〕圖片出處：《火燒紅蓮寺》劇照，財團法人廖瓊枝歌仔戲文教基金會提供。

4-59）。呂宣良由右舞臺上空飛至左舞臺定位，柳遲反之，從左舞臺上空飛至右舞臺定位（圖 4-60），兩者於畫面呈現交叉飛行之感。

圖 4-58：《俠女英雄傳》沈棲霞、紅姑吊鋼絲呈現〔註 63〕

圖 4-59：《俠女英雄傳》呂宣良、柳遲吊鋼絲過程呈現〔註 64〕

〔註63〕 圖片出處：《俠女英雄傳》劇照，薪傳歌仔戲劇團提供。
〔註64〕 圖片出處：2017《俠女英雄傳》驗片用影片，擷取自 00:29:43。

圖 4-60：《俠女英雄傳》呂宣良、柳遲吊鋼絲舞臺定位〔註65〕

　　藉由煙機、投影的輔助，整體呈現出於山中飛行的畫面。在下場時，呂宣良由左舞臺飛離，柳遲由右舞臺飛離，兩人飛離的方向與出場飛出的方向相反，可以推論出鋼絲是以連續運動的方式進行移動，在反向操作（同一方向分飛進飛出）上較為困難。

　　3. 角色人物——陳繼志與紅姑

　　〈紅姑下山〉一折中，紅姑與陳繼志沒有於一開始就將鋼絲勾至威牙衣上，而是安排合理的情節，讓兩人可以下場至翼幕裡，進行懸吊的穿戴準備。下場時，兩人從左舞臺往右舞臺的方向起飛，以紅姑在前，陳繼志在後的方式斜飛下場，呈現紅姑領陳繼志下山的畫面（圖 4-61）。

　　4. 角色人物——呂宣良與沈棲霞

　　在劇中，呂宣良與沈棲霞有兩個一起使用吊鋼絲的場面，分別是〈迷魂小青〉的前段與〈解危〉的後段。兩段使用吊鋼絲的方式並不相同。

　　在〈迷魂小青〉一折中，呂宣良與沈棲霞是由右舞臺以平行的方式飛往左舞臺（圖 4-40），飛行過程中直接穿越了整個舞臺區，沒有讓兩人下至舞臺區平面，呈現橫向的飛行畫面。

　　由圖可見，兩人懸吊的高度相同，呂宣良先於沈棲霞之前飛出，而後大約間隔 1 至 1.5 公尺，沈棲霞才跟上呂宣良的飛行速度，以等速的方式橫越舞臺。這樣的吊鋼絲方式，也應證了前面所說的動力系統連續運動的特性。

〔註65〕圖片出處：2017《俠女英雄傳》驗片用影片，擷取自 00:32:04。

在〈迷魂小青〉的後段,兩人同時從左舞臺飛往舞臺平面,以鋼絲位置的高低落差,呈現兩人飛行的畫面層次(圖4-62)。

圖4-61:《俠女英雄傳》陳繼志、紅姑吊鋼絲呈現〔註66〕

圖4-62:《俠女英雄傳》沈棲霞、呂宣良吊鋼絲呈現〔註67〕

〔註66〕圖片出處:2017《俠女英雄傳》驗片用影片,擷取自00:38:42。
〔註67〕圖片出處:《俠女英雄傳》劇照,薪傳歌仔戲劇團提供。

5. 角色人物——陸小青與紅姑

在〈陷阱〉一折中，由於陸小青有大量的身段、武戲動作的安排，無法於出場時就將鋼絲勾於威牙衣上。

而此段戲為陸小青個人查探紅蓮寺內部的情節，戲劇節奏緊湊，也無法安排角色人色下場進行勾鋼絲的動作，在這樣的情況下，出現了讓眾和尚協助勾鋼絲的方式。

圖 4-63：《俠女英雄傳》陸小青勾鋼絲方式〔註68〕

圖 4-64：《俠女英雄傳》陸小青、紅姑吊鋼絲呈現〔註69〕

〔註68〕圖片出處：2017《俠女英雄傳》驗片用影片，擷取自 01:57:38。
〔註69〕圖片出處：2017《俠女英雄傳》驗片用影片，擷取自 01:58:04。

圖 4-63 的畫面中，可以看到陸小青在與眾和尚開打的過程，設計了讓眾和尚包圍著陸小青、抓陸小青的場面。動作過程中，陸小青在與眾和尚進行武戲場面時，將視線放至於眼前的眾和尚身上，引導觀眾視線注意和尚所在的方向，掩蓋進行勾鋼絲動作的過程。

此折戲最後，紅姑由左舞臺飛至舞臺平面解救陸小青，而後陸小青抓著紅姑的劍鞘，兩人一同往左舞臺飛下（圖 4-64）。

兩人飛下場前，刻意安排了陸小青抓劍鞘的細節動作。呈現修仙之人紅姑與護衛陸小青，兩人於仙凡之間的差異。此處紅姑由左舞臺飛進，左舞臺飛出的移動方式，為全劇中唯一一個鋼絲同邊方向進出的設定安排。

6. 道具、景片——神鷹與銅鐘

在劇中，神鷹出現的次數極多，〈柳遲下山〉、〈紅姑下山〉、〈神鷹救人〉、〈迷魂小青〉前段，四折戲中都運用了神鷹來輔助整齣戲。神鷹在〈柳遲下山〉與〈迷魂小青〉中，作為引路使用，沒有給予神鷹其他的任務。

〈紅姑下山〉中，神鷹則是作為呂宣良的腳力，為呂宣良送信給沈棲霞，神鷹在此折戲中，從右舞臺上空飛至舞臺中央靠近演員的位置，將腳上的信拋下後，直接往左舞臺上方飛離。

圖 4-65：《俠女英雄傳》神鷹懸吊呈現〔註 70〕

〔註 70〕圖片出處：《俠女英雄傳》劇照，薪傳歌仔戲劇團提供。

飛行的方向為反向的拋物線，呈現出鳥類飛翔的真實感。〈神鷹救人〉，則是讓演員去配合神鷹的位置，將拐杖勾至神鷹腳下事先設置好的勾線上，展現出神鷹搶走拐杖的畫面。

劇中最後一折〈火燒紅蓮寺〉，眾人舉銅鐘的經典橋段，也是借助了鋼絲去進行畫面呈現。在圖 4-66 的畫面，可以清楚的看見銅鐘最上方處，設置了小型鐵環，讓鋼絲可以勾於上方，左右兩邊各勾一條鋼絲作為平衡的作用。

圖 4-66：《俠女英雄傳》銅鐘懸吊呈現〔註 71〕

以人作為比例尺，銅鐘景片的大小超過了人的高度。若以單條鋼絲拉銅鐘，一來容易使銅鐘晃動，打破銅鐘極為沈重，需要眾人合力舉銅鐘的設定，二來則是安全問題。

銅鐘此類的大型硬景，當懸吊於空中時重力加重，鐵環容易與景片脫離，導致景片掉落。基於這樣的考量下，使用兩條鋼絲可以去進行銅鐘懸吊時的平衡，也可以分散懸吊時產生的重力。

《火燒紅蓮寺》與《俠女英雄傳》皆使用了懸吊系統，也就是「吊鋼絲」的方式，來呈現角色人物飛天遁地的場面。兩者之間，懸吊方式最大的差異在於，一個是利用人工的方式控制懸吊系統，另一個則是採用全電動式去控制懸吊系統。

《火燒紅蓮寺》中運用人工的方式去控制懸吊的使用，無論是飛行高度

〔註 71〕圖片出處：《俠女英雄傳》劇照，薪傳歌仔戲劇團提供。

或是飛行速度,皆由人工控制。

　　人工控制懸吊的優點在於可視演員情況,隨時進行調整,在速度的控制上隨時可以改變,整體的靈活性較高。

　　缺點在於支點單一,飛行模式沒辦法穿越整個舞臺,空間與距離上都有限制,另外則是人工拉鋼絲,當懸吊者與操控者沒有配合好時,產生受傷的可能性較高。

　　《俠女英雄傳》則是使用電動控制的方式去控制吊鋼絲。飛行的高度與速度都是電腦進行設定。

　　電動控制懸吊的優點在於,飛行軌道的設立穿越了整個舞臺場域,使飛行空間與距離的限制比較少,演員可以進行橫向的飛行。

　　缺點則是定速與當機的問題,電動控制懸吊時,演員飛行的速度不能隨時視情況改變,出現了演員飛行至落地的時間差問題。

　　當機的部分則是指電動懸吊系統本身的問題,當機器過熱、操作不當,都會導致當機的狀況出現,當演員於飛行過程當機時,演員只能被懸吊在場上,沒有辦法馬上協助演員脫離懸吊裝置。

　　在《俠女英雄傳》正式演出時,就曾出現過演員飛行過程懸吊系統卡住的狀況,一方面影響演出進行,一方面是有演員安全上的疑慮。

　　兩劇目使用了不同的懸吊方式,輔助角色形象及舞臺畫面的展現,一種方式傳統而靈活,一種方式科技而多變。整體來說吊鋼絲的使用,一來擴大了演員的表演空間,二者是使角色人物的形象更加鮮明,提升了兩劇目欲表達的仙俠、武俠之氣。

二、降水裝置與機關運用

　　《火燒紅蓮寺》的製作方向,以重現內臺時期的機關布景為主題,將真火、真水、劍光、大型機關布景融入現代劇場,意圖打造、呈現內臺時期極為轟動的金光戲。然而《俠女英雄傳》延續了《火燒紅蓮寺》的精神,保留了真水與大型機關布景的運用,呈現了科技與傳統的結合,但由於科技的融入,降低了內臺時期的還原程度。以下針對兩劇目使用真水呈現的畫面與機關布景的設置與運用,進行分析論述。

(一)降水裝置

　　《火燒紅蓮寺》與《俠女英雄傳》使用真水的段落相同,在〈破機關〉一

折，使用了五龍吐真水的裝置，而雨中砍芭蕉樹的橋段，使用了降水裝置呈現下雨的場面。

在《火燒紅蓮寺》中，五龍吐真水呈現在〈破機關〉的最後。呂宣良與沈棲霞兩人合力破除機關，景片晃動，五龍吐真水的裝置從沿幕上降下來，連帶噴出水柱。

藉由管線連接至五個龍頭中，裝置瞬間啟動時，水藉由壓力從扁頭設計的龍嘴噴出，乾冰瞬間噴出輔助畫面，呈現五龍吐出水時水氣迷漫的畫面。

《俠女英雄傳》則是在〈破機關〉一折的開始，就使五龍不斷的吐出細小的水柱，使畫面呈現陰森潮濕的感官感受。

當呂宣良與沈棲霞破除機關時，五龍吐出的真水，由細小水流轉變為較大的水柱，並以雷射光、煙霧輔助五龍吐真水的降水裝置，在比較大的劇場進行展現時，震撼力不足的情況。

兩劇目另外一處使用真水的場景，為雨中砍芭蕉樹的情節。在《火燒紅蓮寺》中，雨中砍芭蕉樹的真水使用範圍，在靠近上舞臺的區域，並不是整個舞臺都有使用到降水裝置。由圖 4-67 五龍吐真水的水柱範圍與下雨場景水滴出現的範圍進行比對，可以推論出兩場真水畫面的呈現，使用的是同一組真水運作裝置，差別在於水流量的多寡以及水的型態樣貌。

圖 4-67：《火燒紅蓮寺》五龍吐真水畫面〔註 72〕

〔註 72〕圖片出處：2011《火燒紅蓮寺》DVD，擷取自 02:05:58。

圖 4-68：《俠女英雄傳》五龍吐真水畫面〔註73〕

　　《俠女英雄傳》中，雨中砍芭蕉樹的橋段，使用了舞臺全場的降水裝置，與前面五龍吐真水的降水方式呈現差異。為了使雨中砍芭蕉樹的大雨場面更為精細，在〈破機關〉一折的最後，五龍吐真水的降水裝置啟動時，同時運行舞臺全區的降水裝置，使舞臺地面在轉場完成前，就已經被降雨裝置淋濕。當轉場至雨中芭蕉樹的場景時，隨著降雨裝置啟動，水由燈桿管線處低落，呈現出下雨以及雨滴落地面濺起水花的畫面。

　　兩劇目雖都使用了降水的裝置，但在降水裝置本身的設置上，有些微的差異。《火燒紅蓮寺》中，是使用管線連接蓮蓬頭的方式，去呈現真水的畫面，在圖 4-69 中，可以明顯看見雨落下時明顯的空間間隔，而水的方向如蓮蓬頭出水方式一般，由密至疏向外噴灑。

　　而《俠女英雄傳》則是使用管線上戳孔洞的方式，讓水均勻的分散在整個舞臺區域，但可能是因為戳孔洞降水的方式沒有進行加壓，在五龍吐真水的畫面上，水的運用顯得比較薄弱。

（二）機關運用

　　兩劇目在機關布景及道具運用上，呈現了比較大的差異。《火燒紅蓮寺》中的機關布景，比較多採用可轉動的大型景片，進行場面建構，在機關道具上則是使用了劍光與芭蕉樹。

〔註73〕圖片出處：《俠女英雄傳》劇照，薪傳歌仔戲劇團提供。

圖4-69：《火燒紅蓮寺》雨中砍芭蕉樹畫面〔註74〕

圖4-70：《俠女英雄傳》雨中砍芭蕉樹畫面〔註75〕

　　《俠女英雄傳》則是使用較多的大型機關布景去建構場面，機關道具上，劍光以雷射的方式替代，保留了芭蕉樹的使用。《火燒紅蓮寺》中大型機關布景做為場景塑造的一部分，於第一節中已經進行論述，於此不再重複敘述。

〔註74〕圖片出處：《火燒紅蓮寺》劇照，財團法人廖瓊枝歌仔戲文教基金會提供。
〔註75〕圖片出處：《俠女英雄傳》劇照，薪傳歌仔戲劇團提供。

在芭蕉樹的運用上，由於《火燒紅蓮寺》使用的是真實的芭蕉樹，讓演員以武士刀直接將樹砍斷，在整體上與機關裝置的關聯性較小。而《俠女英雄傳》中，使用的電動控制的機關芭蕉樹，故芭蕉樹機關道具的使用方式，會著重放至《俠女英雄傳》的芭蕉樹機關運用進行論述。此段中，將研究重點放至劍光、機關樹運用上，進行分析論述。

1.《火燒紅蓮寺》機關運用呈現

在〈解危〉一折中，陸小青在紅蓮寺周圍進行探查時，遇上了常德慶，兩人衝突的場面中，常德慶使用「掌心雷」的招式攻擊陸小青。

當「掌心雷」招式發出時，爆破物的使用加上燈光的配合，展現招式打在樹幹上的畫面，機關樹在爆破聲響出現後，隨之斷裂（參考第四章第一節之圖4-18）。藉由圖4-71，可以看見原本機關樹完整的樣貌，向右延伸的樹枝方向上揚。在第四章第一節之圖4-18的畫面中，則是機關啟動後，機關樹斷裂的模樣。

圖4-72為機關樹的設計圖樣，圖樣中有針對機關樹整體設計進行說明。其中也提及斷裂機關設置在樹景片的右邊枝幹，將設計圖樣說明與機關樹斷裂的模樣對比，可相互應證。

圖4-71：《火燒紅蓮寺》機關樹未啟動〔註76〕

〔註76〕圖片出處：2011《火燒紅蓮寺》DVD，擷取自01:48:54。

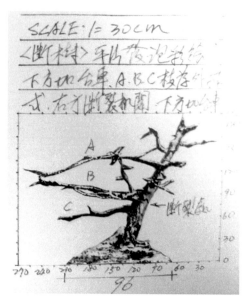

圖 4-72：《火燒紅蓮寺》機關樹設計圖〔註77〕

此折的後段，運用了劍光的機關布景。在常德慶與陳繼志兩人分別使出
「劍光」招式時，舞臺全場轉暗，劍光在紗質布景的後面出現，利用劍上燈光
透過紗景的方式，展現出光劍鬥法的畫面。

圖 4-73：《火燒紅蓮寺》劍光機關〔註78〕

〔註77〕圖片出處：《火燒紅蓮寺》機關樹設計圖，財團法人廖瓊枝歌仔戲文教基金會
　　　　提供。
〔註78〕圖片出處：2011《火燒紅蓮寺》DVD，擷取自 01:48:54。

　　劍光的使用，在早期是由人穿著全黑的衣服，以手持的方式去控制、改變劍光位置，形成打鬥法場面。而現當代重現劍光的方式，則是讓光劍出現於紗幕後，無論是以人力控制又或是以動力裝置控制，皆不會有黑衣人出現於舞臺上的現象發生。

　　2.《俠女英雄傳》機關運用呈現

　　在《俠女英雄傳》中，大型的機關布景有：紅蓮寺大門、飛劍機關布景、人牆機關布景、槍劍牆機關布景、柵欄機關布景，機關道具則是：芭蕉樹。主要運用在整齣戲的後半段，進入紅蓮寺內部後的情節上。

　　〈陷阱〉一折戲中，陸小青進入到紅蓮寺前，舞臺以紅蓮寺大門的景片構成（參考圖4-42），在眾和尚出入紅蓮寺時，大門微往左右兩邊開，而後陸小青以身段表示啟動大門機關時，門片往左右兩側翼幕的方向撤開，場面轉換為紅蓮寺內部的景象。在〈破機關〉一折戲中，也是使用相同的處理方式。

圖 4-74：《俠女英雄傳》紅蓮寺大門開啟畫面〔註79〕

　　大門的景片懸吊於燈桿上，以電動的方式進行布景的移動，可以使大門在左右對開時速度及方向一致。使用上來說，主要作為轉換場景的大型機關布景。

　　〈陷阱〉轉場呈現紅蓮寺內部後，可見的機關為飛箭以及人牆，兩種大型機關布景皆定位於右舞臺的位置。陸小青進入迴廊平台的動作，就像是啟動

機關的關鍵，當陸小青由平台經過機關的位置，機關隨之啟動。

飛箭機關布景（圖4-75）的表面上，有挖數個孔洞，原先設計應該是要讓箭矢隨著壓力改變，從空洞中射出。

圖4-75：《俠女英雄傳》飛箭機關布景〔註80〕

圖4-76：《俠女英雄傳》柵欄機關布景〔註81〕

〔註80〕圖片出處：2017《俠女英雄傳》驗片用影片，擷取自01:56:54。
〔註81〕圖片出處：2017《俠女英雄傳》驗片用影片，擷取自01:57:10。

但筆者在反覆觀看影片時，發現兩個使用飛箭機關的段落，箭矢都不是由孔洞射出，而是由飛箭機關布景的周圍射出，可見要使箭矢精準的從孔洞中射出，有一定的困難度，才改以從周圍射出的方式，呈現飛箭的畫面。

第二個呈現的機關為柵欄（圖 4-76）。當陸小青移動至最高的平台時，柵欄由左上舞臺的燈桿快速降下。柵欄降下的運用方式，使空間場域被擴大，呈現出紅蓮寺內無論是平面或是空中，都設置了大量機關，阻擋外人入侵。

第三個運用的機關布景為人牆（圖 4-77）。陸小青從平台經過時，定位在右下舞臺的人牆隨之倒塌，牆面塌下後形成大面積的斜坡道，眾和尚從牆後經過斜坡道至舞臺平面。人牆的機關布景在此處可以作為紅蓮寺的牆面，機關倒塌的瞬間，眾和尚從牆面跳出，顯示了眾和尚埋伏在牆後的意象。

圖 4-77：《俠女英雄傳》人牆機關布景〔註 82〕

而人牆的機關布景在此處還有一個重要的作用，就是掩蓋陸小青勾鋼絲的過程。藉著人牆中的和尚衝出的畫面，其中一個和尚將懸吊鋼絲一起拉出，在牆面的交界處替陸小青將鋼絲勾上威牙衣。

因人牆的機關布景較大，倒塌時可以使觀眾的焦點聚焦在倒下的牆上，從而形成比較好的遮掩效果。

在〈破機關〉一折中，除了飛箭機關布景（參考圖 4-75）以及人牆機關布

〔註82〕圖片出處：2017《俠女英雄傳》驗片用影片，擷取自 01:57:22。

景（參考圖 4-77）的使用之外，還多使用了一個槍劍牆機關布景（圖 4-78）。槍劍牆機關布景定位在右舞臺上，大面積的牆面朝向觀眾席的方向，牆面上挖有數個孔洞。

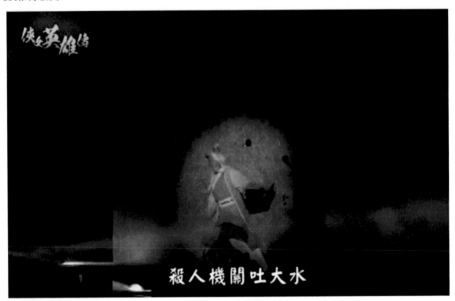

圖 4-78：《俠女英雄傳》槍劍牆機關布景〔註83〕

當呂宣良上平台走近槍劍牆機關布景時，配合演員身段動作，槍跟劍不斷反覆從牆後的孔洞刺出。槍跟劍刺出的畫面，是由人站於牆後，將槍劍刺出孔洞，以人力的方式呈現，並非以機器控制。

最後則是芭蕉樹的運用，在〈破機關〉一折的後段，雨中砍芭蕉樹的場景中，使用了芭蕉樹的機關道具。

由圖 4-79 的畫面中，可見場上定位有四顆芭蕉樹，樹與樹之間有相隔一定的距離，使芭蕉樹斷裂時不會相互影響，也讓演員有空間可以來回於場上穿梭。芭蕉樹的機關道具是以電動的方式控制，當演員拿起刀砍下的瞬間，技術人員會控制電動開關，使芭蕉樹斷裂。

芭蕉樹在使用上相較於其他大型的機關布景，有著比較多的限制，一個是空間距離的限制，由於控制芭蕉樹的電動裝置，如同電視遙控器一般，可以交互使用，所以當空間距離沒有拿捏好時，會出現兩顆芭蕉樹同時斷裂的情形。

〔註83〕圖片出處：2017《俠女英雄傳》驗片用影片，擷取自 02:16:12。

圖 4-79：《俠女英雄傳》芭蕉樹機關道具〔註84〕

　　另一個則是時間差的限制，演員在進行武戲場面時，沒有辦法自行控制芭蕉樹斷裂的時間，芭蕉樹的控制上必須由技術人員控制，兩者之間在排練過程，需要用比較多的時間來磨合，使演員揮刀的同時，芭蕉樹可以在相對應的時間點斷裂。

　　兩劇目在機關布景的使用上，僅有芭蕉樹機關為相同之處，其他場次出現的機關布景都不相同。會出現這樣的差異性，筆者認為形成差異的主因有兩點，第一是場域空間的限制，第二是給予劇目新的面貌。

　　首先兩劇目演出的地點，一個為文化園區倉庫改建的空間，非正式的劇場，另一個則是戲曲中心，為正式的劇場。在舞臺空間及高度限制上，非正式劇場一定較正式劇場受限，當高度不足時，大型機關布景在運用上的難度會增加。

　　第二點則是每個劇團在重新製演劇目，或是製作新戲時都會遇到的問題，要如何吸引觀眾的目光？若重新製演只是將劇目完整的移植到另一個舞臺上，稱「重新製演」顯得過於沈重。

　　所以當一齣戲時隔多年，要重新製作時，無論是在文本、音樂本身，還是舞臺軟硬景設備的運用，又或是整體服裝造型上，皆會進行調整，給予劇目新的面貌，帶給觀眾截然不同的觀戲感受。

〔註84〕圖片出處：2017《俠女英雄傳》驗片用影片，擷取自 02:17:03。

第三節　火與魔術運用

　　火與魔術比較少用於戲曲舞臺上，比較為人所知的為戲曲中《李慧娘》有比較大量噴火的橋段，而魔術則是在京劇版《弄臣》中，有使用魔術花的橋段。

　　而筆者研究的兩劇目，將火與魔術帶入戲中，給與觀眾耳目一新的觀劇感受。以下將分別論述兩劇目火與魔術的運用。

一、火的運用

　　有關於火的使用，在 2011 年首演的《火燒紅蓮寺》，演出場域為花蓮文創園區，劇場的形式屬於特定的特殊場域並非是一般的劇場，在舞臺機關布景運用又或者是詮釋戲的實驗性上面，會充滿更多的可能性。

　　在《火燒紅蓮寺》最後一場戲中，卜文正下令火燒紅蓮寺，舞臺場景轉換，在最上舞臺的中間保留一塊真火顯現的空場域，而真火的燃燒則是放置於舞臺後方的大門之外，當情節進展到最後火燒紅蓮寺時，將後方的門開啟，以噴煙及紅色的燈光去輔助真火的使用，使開門的時候不於舞臺上漏光。

　　《火燒紅蓮寺》在上演的時候，因劇場的空間並不像一般的劇場空間廣大，也不是一般的劇場空間有著比較嚴謹的格局。

圖 4-80：《火燒紅蓮寺》真火場景〔註85〕

〔註85〕圖片出處：2011《火燒紅蓮寺》DVD，擷取自 02:14:42。

在花蓮菸場演出的舞臺空間，後臺與舞臺以及觀眾席相較一般的劇場空間距離較為相近。故當時在使用真火時候，劇團為了要提升戲劇張力以及真實性，在後臺燃燒木炭，製造煙霧以及氣味，讓觀眾達到劇場表演藝術的嗅覺體驗，形成戲劇 5D 的效果。

《俠女英雄傳》於正規劇場進行演出，時隔六年在明火表演管理辦法逐漸嚴格、觀眾對於劇場安全的意識逐漸增加的情況下，取消了真火的使用，改以投影以及假燭光火把，並且以場燈輔助，塑造出火燒的場景。

《俠女英雄傳》中雖然沒有使用真火，但保留了爆破物的使用，呈現出「掌心雷」、「追魂劍」招式的聲光特效。

圖 4-81：《俠女英雄傳》爆破使用 〔註 86〕

《俠女英雄傳》將真火的使用改為投影，保留爆破物的使用。對於此現象筆者認為，第一是與明火表演管理辦法上的行政法規有很大的關係，第二則是與觀眾對於劇目的期待有關係。

首先明火表演管理辦法推動以來，基於劇場安全問題，可以見得各劇團降低了真火、爆破、煙火的使用程度，再者則是明火表演的申請上，劇團必須考量到整個劇場的消防安全問題，針對場域訂定相關計畫，對於劇團來說申請流程不比撰寫演出計畫容易。這樣的情形下，許多表演團隊改以其他的方式替代

〔註86〕圖片出處：2017《俠女英雄傳》驗片用影片，擷取自 02:00:06。

了明火的使用。

然而劇目不得不於舞臺上使用明火進行表演時，以劇場安全考量上來說，爆破物及煙火雖有利用火藥接電進行引爆，但相較於滿臺燃燒的真火，相對安全性較高。在明火表演的申請上，也比真火容易令人接受。

筆者認為，爆破物的保留與觀眾期待也有部分關係，由於歌仔戲的觀戲生態，常出現追星、追劇團的現象，觀眾可能會重複觀看同一齣戲，戲的再製也會讓觀眾產生對於劇目的期待感。

當觀眾若看過了第一版《火燒紅蓮寺》中運用了真火以及爆破物，對於再製版會產生期待，而《俠女英雄傳》如一次將真火與爆破移除，有可能會使觀眾在觀劇時，產生部分與期待不符的心理。

二、魔術運用

魔術是以製造一種幻象，使不可能發生的事件發生的一種表演藝術形式。除了大型的魔術表演之外，魔術道具也被運用在不同的表演場域中，使觀眾產生驚喜的感受。而《火燒紅蓮寺》與《俠女英雄傳》中，皆使用類似於魔術道具的機關道具「白雞」，去呈現劇中追魂劍斬白雞的情節橋段。

《火燒紅蓮寺》的斬雞頭橋段，演員將白雞背於背後，運用劍光、煙霧協助呈現雞頭被斬斷的過程。在圖 4-82 的左邊，可以看見飛出去的雞頭上面連著一個類似軟木塞的塞子，雞身脖子處有一個凹槽，兩者之間可以進行拆解及組合，而右邊的圖示，清楚明顯的看見噴煙的使用，以及噴煙方向與雞頭方向的一致性。

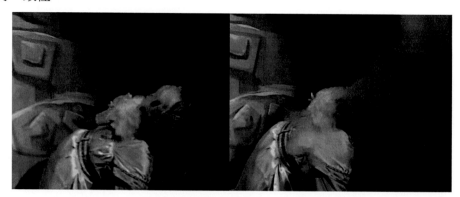

圖 4-82：《火燒紅蓮寺》斬雞頭呈現過程組圖〔註87〕

〔註87〕圖片出處：2011《火燒紅蓮寺》DVD，擷取自 01:04:16-18。

　　整合兩者的關聯性，可以推論出斬雞頭的橋段，是藉著壓力觸發道具。如同香檳一般，藉由晃動瓶內產生的壓力，使軟木塞及酒液噴射出來。與此比擬，可將雞身想像成酒瓶容器、雞頭想像為軟木塞，而煙霧則是壓力。透過管線將煙霧打進雞身與雞頭的連接之處，當追魂劍的劍影出現時，算好時間差，將煙霧拉大，使雞頭藉著壓力瞬間噴射出去，形成了追魂劍斬雞頭的畫面。

　　《俠女英雄傳》的斬雞頭過程，演員將白雞以布包裹起來背於後背，整隻白雞主要只露出雞頭的部分，運用大面積的雷射光輔助畫面呈現。

　　在斬雞頭畫面呈現前，先使用了雷射燈光及爆破物吸引觀眾的注意力，隨後演員順勢轉身，將手藏於腰帶中、將頭低下，在圖 4-83 中可以看見，演員低頭背對舞臺，將白雞刻意呈現給觀眾看，使觀眾的視線聚焦於白雞身上，藉由雷射燈的出現，武場敲擊大鈸給予演員指示，演員啟動白雞上的機關，使雞頭掉落，呈現出斬雞頭的畫面。

圖 4-83：《俠女英雄傳》斬雞頭呈現〔註 88〕

　　兩劇目呈現斬雞頭的方式並不相同，一個是藉由煙霧壓力使雞頭掉落，一個則是藉由拉繩使雞頭掉落。兩種方式皆有好有壞，煙霧壓力的使用，優點在於雞頭不容易於演員進行身段動作時，因拉扯到而掉落，且煙霧噴出的方式，顯得更有戲劇張力。但缺點在於煙霧壓力的使用需要牽管線，演員必須受

〔註88〕圖片出處：2017《俠女英雄傳》驗片用影片，擷取自 01:17:18。

限與管線範圍內進行表演，且需要利用景片遮掩管線，避免管線露出。

　　演員在表演過程中，要兼顧詮釋角色及機關道具的使用，以避免出現管線露出的情況，有著一定的困難點。在《火燒紅蓮寺》的影片中，可以看見雞頭噴出後，景片遮擋不住管線，演員在表演過程，需不斷利用自己的身體及身段動作，去遮擋管線暴露的現象。

　　以拉繩的方式使雞頭掉落，優點在於隱密性較高，比較不會出現機關穿幫的問題，且可以由演員自行控制，對於表演上演員比較好掌控節奏。缺點在於拉繩的方式，比較容易在演員進行身段動作時，因不小心拉扯到而掉落，在整體戲劇張力上也比較薄弱，坐在比較遠處的觀眾可能會看不見雞頭掉落的過程。

　　兩劇目在大量使用機關布景、大型道具去建構畫面的情況下，為演出過程增添許多可看性。《火燒紅蓮寺》透過傳統的軟硬景與機關變景手法，在還原、體現「內臺時期」的風格上，較為精確；然《俠女英雄傳》進行再製後，則是偏向多以科技技術去建構舞臺場面，「復古」的概念較為稀微，以新的手法呈現劇目。

結　論

　　歌仔戲在百年來的發展過程，吸收了其他劇種的特性，京劇的程式化動作及鑼鼓點、北管的曲牌、南管的唱腔、福州戲的機關布景，等其他劇種的元素，將其融入至表演中，形成了歌仔戲海納百川，多元變化的樣貌。

　　歌仔戲作為一種「因人而生」的劇種，「活」為臺灣歌仔戲形成非常重要的特性。在劇目的製作上必須隨著時代、觀劇習慣進行變動，嘗試納入新的元素，修正劇目內容，得以使劇目內容不斷提升，達到表演藝術精緻化的階層。

　　此文由小說《江湖奇俠傳》著手進行「火燒紅蓮寺」情節的母題淵源探討，針對此故事情節以版本學進行研究，梳理原著小說、影視作品、戲曲作品的流變過程。

　　將討論重點放至廖瓊枝老師修編的歌仔戲《火燒紅蓮寺》與《俠女英雄傳》，進行文本情節結構的論析、劇目中角色人物的詮釋樣貌、舞臺美術與技術的運用。從而歸結出兩劇目文本結構差異，角色詮釋風格的差異比較，以及舞臺美術、技術運用所呈現的場景塑造差異。

一、本論文綜述

　　筆者針對《火燒紅蓮寺》、《俠女英雄傳》兩劇目的文本、表演藝術詮釋、舞臺美術運用進行分析。三者之間有著密不可分的關係，文本影響了表演藝術的呈現的樣貌，而表演藝術需由文本出發，解構文本內涵將其轉換至舞臺上進行呈現，另也需借助舞臺美術去建構場面。

　　舞臺美術則需要理解文本欲表達的情境，使用不同符號以抽象的方式協助劇目呈現，並配合表演藝術進行場面修正。唯有三位一體時，得以展現劇目

完整的樣貌。是以本文所得之結論如下：

（一）文本、戲劇結構的精緻化

《火燒紅蓮寺》以及《俠女英雄傳》兩劇使用的文本，皆源自於廖瓊枝老師對歌仔戲內臺時期《火燒紅蓮寺》演出的記憶，透過原著小說、歌仔冊、電影的情節整合創作而成。

文本和表演之間有著複雜的關係，文本對於表演是種不直接進行差異比較的存在，透過《火燒紅蓮寺》以及《俠女英雄傳》兩劇目文本結構的分析，對比舞臺實踐的紀錄，進行對於文本的解讀，得見兩者間差異之處。

1.《火燒紅蓮寺》文本與戲劇結構歸納

《火燒紅蓮寺》使用主題包裝的方式進行劇目搬演，四大場次分別對應紅姑、桂武、卜文正、火燒紅蓮寺的故事線。形成了一段主線故事的結束，才啟動新一段故事的演出形式。

主題包裝的安排，使全劇在情節交織上較為單一。全劇的戲劇節奏與結構，於上半場節奏緩慢結構完整，下半場則是節奏快速結構鬆散。

2.《俠女英雄傳》文本與戲劇結構歸納

《俠女英雄傳》未承接《火燒紅蓮寺》主題包裝的形式，將主要的四段故事線打散，穿插安排於不同場次中，使全劇的情節交織以多線方式進行發展。

在戲劇節奏與結構上，〈紅姑下山〉一折的挪動以及新增〈佔寺〉一折，是改變整體結構的主要因素。

內容的修正，桂武與紅姑的相認、卜文正與陸小青的上下關係、尼姑雪蓮的犧牲、紅姑的俠義精神，完整了劇目的邏輯性。

總體來說，《俠女英雄傳》於《火燒紅蓮寺》的基礎上重新製演。於文本上、結構上進行修正，調動場次且除去了不必要的情節，使劇目的戲劇結構更為緊密。可見《俠女英雄傳》再製過程，文本朝向精緻化的方向發展。

（二）角色行當和布景機關形成的表演風格與差異

本文分析了《火燒紅蓮寺》與《俠女英雄傳》之表演風格，得出：

1. 兩劇目角色行當表演風格差異

兩劇主要角色性格造成藝術特色不同，致使形象塑造產生差異。如：兩版本陸小青角色的文武戲比重、甘聯珠角色的性格展現、桂武角色的細節處理與節奏拿捏、卜文正角色的行當差異。文中對比歸納出正派與反派角色間共十五

人，因兩版本之選角方向各有側重。導致演員詮釋風格有所分別，亦形成不同之藝術特質，富有賞析之異趣。

其中又以因不同詮釋者的行當及擅長演出之風格，形成兩劇目於文、武戲和情感表現層面的差異。《火燒紅蓮寺》中，整體演出風格側重於文戲的展現，武戲的場面設計多倚賴擅於武戲的詮釋者進行建構，如：柳遲、甘聯珠、甘瘤子。分析過程可見，全劇角色人物皆展現了武戲排場，但需進行大量把子套路對打的武戲排場，多半由筆者提出的三位角色人物進行場面構成。

《俠女英雄傳》的演出風格，在武戲比例上較為文戲重，也因選角的差異，部分場次出現了文戲武做的現象，如：〈紅蓮劫〉中，卜文正的甩髮功。兩劇目因角色人物詮釋者所擅長的行當差異，明顯使劇目在文、武的展現上有所差別。

2. 動作性及時間性對演出節奏和演員詮釋的影響

兩劇目的機關設置及「時間遲滯」的現象，影響了演出節奏和演員動作展現。角色人物對於舞臺機關的定位點和操作手法，成為影響演出的因素。其中包括鋼絲使用人力或電動操作，改變鋼絲鬆緊程度，明顯干預了演員動作的流暢性；又，演員能否自行操縱機關（如「斬雞頭」、「芭蕉葉」等），亦暗藏時間遲滯中干涉劇目流暢的潛在因子。

兩劇目所使用之機關布景，皆有著時間遲滯的問題。「斬雞頭」機關，無論是以噴煙或是拉力去啟動機關，皆會出現演員需等待雞頭掉落的狀態。「芭蕉樹」機關，兩劇中皆有使用。《火燒紅蓮寺》中演員手持武士刀，以真刀砍斷芭蕉樹，時間遲滯的機率較低，演員在動作或是時間的掌控上較為精準。但《俠女英雄傳》中將芭蕉樹機關改為電力控制的機關裝置，當機關透過電力啟動時，芭蕉樹的分離，會出現一至兩秒的時間遲滯現象，使整體表演節奏改變。

整體上，《火燒紅蓮寺》與《俠女英雄傳》使用大量的機關布景去建構場面，使演出過程的畫面可以充滿更多的可能性，但演員卻需花費更多的時間與舞臺技術磨合，演出過程相較一般演出，除了更耗費心力之外，也增加了演出過程技藝展現的難度與危險性。

（三）突破傳統舞臺的設置以科技美學提升表演多樣性

《火燒紅蓮寺》與《俠女英雄傳》兩劇因舞臺演出的場域囿限和時代變遷，令軟硬景、機關及燈光都有大幅度的變遷。

　　由《火燒紅蓮寺》帶有實驗性的翻動式旋轉景，營造出「時代氛圍」；延續至《俠女英雄傳》於戲曲中心大表演廳的科技化，包括舞臺高低差的切割意象、投影技術強化、懸吊設備、煙霧形成方式等，直接關聯至表演空間的面積擴張，動作設計更為自由。

　　就建築舞臺構造的形式而言，硬體設施、舞臺技術與聲光效果對於取代傳統軟硬景的變化限制各有利弊。例如懸吊方式在人工控制和電動控制間的比較：對於速度、距離和空間的靈活性、準確性，衍生出時間落差和臨場反應及舞臺安全問題，各有得失。

　　《火燒紅蓮寺》與《俠女英雄傳》兩劇之機關特色和時代演進的改變程度，亦反映在水、光、聲、火，以至於魔術等元素。各顯其姿，妙趣橫生，徹底體現出舞臺表演在不同時期發展出的藝術價值。

二、未來論題開展

　　本論文由原著小說《江湖奇俠傳》改編《火燒紅蓮寺》之相關作品著手論述，進而談及改編作品的流變、小說文本及歌仔戲文本分析、歌仔戲《火燒紅蓮寺》及《俠女英雄傳》表演探討、舞臺美術及技術運用。研究過程發現幾個議題，值得未來深入探究。

（一）「火燒紅蓮寺」情節於不同劇種的文本差異

　　在第一章第三節中考證了海派京劇、客家戲、歌仔戲皆有「火燒紅蓮寺」情節改編的劇目。筆者針對近代歌仔戲的兩版本進行梳理，其他劇種僅查到顯示部分劇情梗概的相關文獻。

　　在海派京劇上可試圖由連臺本戲的演出形式與機關布景的運用，進而搜索文本的內容。客家戲則可透過口述歷史的方式，進行文本內容的建立。以達到「火燒紅蓮寺」情節於不同劇種的文本差異比較。

　　在歌仔冊的文本研究上，筆者著重針對版本問題進行探討。在文本內容的差異上，僅作了角色人物於使用上的比對（於附錄五中），其中內容差異並未進行詳盡的分析。故未來可再藉由已經搜索到的玉珍漢書部出版的《火燒紅蓮寺》歌仔冊，以及竹林出版社出版的《火燒紅蓮寺》實體古籍，進行相關比對研究，探討、得出更加詳盡的劇目內容之流遍過程與差異。

（二）兩劇目於歌仔戲史中的歷史觀

　　《火燒紅蓮寺》劇目，早於歌仔戲內臺時期就曾出現過。當時歌仔戲正處

於蓬勃發展、表演風格多變的時期。

> 日據時期，使用電動布景，衣著鮮麗的內臺歌仔戲稱「變景戲」或
> 「金光戲」；戰後，揉合了「皇民劇」、「改良劇」身穿和服，拿武士
> 刀的造型，加上流行歌的演唱，成為「胡撇仔戲」。[註1]

「變景戲」或是「金光戲」的慣用呈現劇目方式，在於連臺本戲的演出形式、機關布景的呈現、真火真水的場景等。此演出形式於歌仔戲的歷史上具有重要地位。

筆者針對現代版兩劇目進行文本及表演展現之考究，卻未將《火燒紅蓮寺》放於整個歌仔戲的歷史觀點上進行論析。現代版的《火燒紅蓮寺》取材自當時的劇目內容，延續「金光戲」的機關布景運用及劇目的部分內容，其繼承過程中保留的元素與剔除之成分，是可在進行深究之處。

（三）兩劇目音樂設計與唱詞結構

《火燒紅蓮寺》與《俠女英雄傳》中的音樂設計與唱詞結構上，筆者於第二章第四節及第三章第一、二節中做了部分論述，並未深入探討。戲曲表演藝術「戲」與「曲」皆是構成演出的重要元素，故兩劇目音樂的設計安排及唱詞結構上，尚有可進行深入研究分析之處。

臺灣歌仔戲在不同的時期，呈現了各種的樣貌，吸收多元的元素不斷的在改變著，「活」為臺灣歌仔戲形成非常重要的特性。歌仔戲在進入精緻化後開始走向跨文化的演出形式，各個劇團不斷的在嘗試跨界、跨領域、跨文化的演出，以及搬演西方文本改編的作品。

在跨文化發展的同時，另外一種以「復古」為概念的演出形式及劇目，開始出現在這多變的歌仔戲圈裡。筆者在梳理文章及蒐羅資料的過程，發現臺灣歌仔戲至今仍然不斷改變表演形式。

除了筆者所梳理的薪傳歌仔戲劇團《俠女英雄傳》是呈現內臺時期金光戲的風貌，也有其他劇團開始回溯早期歌仔戲的演出形式的演出，並將其呈現、還原在現代劇場裡。

如：2014 年國立臺灣戲曲學院歌仔戲學系所演出的劇目《情鑄江湖》呈現日治時期的胡撇仔歌仔戲，2017 年的作品《殺子婆》呈現 60 年代的排場歌仔戲、2018 年的《露水開花──賣藥仔團的江湖故事》則是賣藥時期的歌仔戲，

〔註 1〕林鶴宜：《臺灣戲劇史》（臺北：國立空中大學出版，2003 年），頁 186。

這兩齣戲都是由王金櫻老師帶領的閩南嶼文化公司所製作,而 2018 年唐美雲歌仔戲團所製作《月夜情愁》其中也呈現了內臺時期連鎖劇的演出方式。

由此觀之,臺灣歌仔戲還有極大的發展性及可能性,然而如何留住原來的觀眾群以及如何讓新的觀眾走進劇場,也是接續臺灣歌仔戲發展過程中不可忽視的問題。

在筆者研究的過程中,著重於文本、詮釋表演、舞臺進行析論,希冀此文能作為對歌仔戲文本、表演精緻化過程的研究貢獻。於音樂結構、唱詞結構上並未有過多著墨,也因學力有限未能將質性研究的部分納入其中。企盼後續研究者能以更加多元的方式進行對於歌仔戲的研究,為此劇種的藝術展現留下更多學術性的史料。

參考文獻

（依照出版時間排序）

一、原著

1. 平江不肖生著、葉洪生校對，《江湖奇俠傳》（一～七集），臺北：聯經出版社出版，1984 年。

2. 陳曉林，〈民俗文學的源流與武俠小說的定位──兼介葉批《近代中國武俠小說名著大系》〉，《江湖奇俠傳》卷一，臺北：聯經出版社，1984 年。

二、專書

1. 麥國安，《火燒紅蓮寺》（一～七集），嘉義：玉珍漢書部，台大圖書館楊雲萍文庫藏，1932～1934 年。

2. 無名氏，《火燒紅蓮寺》（一～七集），新竹：竹林出版社，1958 年。

3. 呂訴上，《臺灣電影戲劇史》，臺北：銀華，1961 年。

4. 曾永義，《中國古典戲劇論集》，臺北：聯經出版社出版，1975 年。

5. 亞里士多德著、姚一葦譯註，《詩學箋註》，臺北：臺灣中華書局，1982 年。

6. 中國戲曲學院編，《戲曲把子功》，北京：文化藝術出版社，1983 年。

7. 國大百科全書總編輯委員會《戲曲 曲藝》編輯委員會，《中國大百科全書──戲曲 曲藝》，上海：中國大百科全書出版社，1983 年。

8. 曾永義，《台灣歌仔戲發展與變遷》，臺北：聯經出版事業有限公司，1988 年。

9. 上海書店出版社編，《戲考大全》（全五冊），上海：上海書店出版，1990 年。

10. 中國戲曲志編輯委員會，《中國戲曲志・湖南卷》，北京：文化藝術出版社，1990 年。

11. 馬紹波等，《中國京劇發展史〈二〉》，臺北：商鼎文化出版，1991 年。

12. 邱坤良，《日治時期臺灣戲劇之研究》，臺北：自立晚報，1992 年。

13. 中國戲曲志編輯委員會、《中國戲曲志・湖北卷》編輯委員會編，《中國戲曲志・湖北卷》，北京：文化藝術出版社，1993 年。

14. 張月中等，《中國古代戲劇辭典》，哈爾濱：黑龍江人民出版社，1993 年。

15. 提格亨著、戴望舒譯，《比較文學論》，臺北：新人人文庫出版，1995 年。

16. 齊森華、陳多、葉長海主編，《中國曲學大辭典》，浙江：浙江教育出版社，1997 年。

17. 北京市藝術研究所、上海藝術研究所組織編輯，《中國京劇史》中卷，中國戲劇出版社，1999 年。

18. 星雲大師，《往事百語》（全套六冊），佛光文化，1999 年。

19. 趙英勉主編，《戲曲舞臺設計》，北京：文化藝術出版社，2000 年。

20. 杜澤遜，《文獻學概要》，中華書局出版，2001 年。

21. 施旭升，《中國戲曲審美文化論》，北京：北京廣播學院出版社，2002 年。

22. 佛斯特著、李文彬譯，《小說面面觀》，臺北：志文出版社，2002 年。

23. 林鶴宜，《臺灣戲劇史》，臺北：國立空中大學出版，2003 年。

24. 大衛・洛吉著、李維拉譯，《小說的五十堂課》，新北：木馬文化事業股份有限公司，2006 年。

25. 陳墨，《中國武俠電影史》，臺北：風雲時代出版，2006 年。

26. 徐亞湘，《史實與詮釋：日治時期台灣報刊戲曲資料選讀》，宜蘭：國立傳統藝術中心，2006 年。

27. 林良哲、徐麗紗，《從日治時期唱片看臺灣歌仔戲》，宜蘭：國立傳統藝術中心，2007 年。

28. 翁偶虹，《我的編劇生涯》，同心出版社（北京日報），2007 年。

29. 胡曉軍、蘇毅謹，《戲出海上——海派戲劇的前世今生》，上海：文匯出版社出版，2007 年。

30. 沈寂，《上海電影》，上海：文匯出版社出版，2008 年。

31. 林幸慧，《由申報戲曲廣告看上海京劇發展》，臺北：里仁，2008 年。

32. 柯榮三，《時事題材之臺灣歌仔冊研究》，臺北：國立編譯館，2008 年。

33. 杜建坊，《歌仔冊起鼓：語言、文學與文化》，臺北：臺灣書房出版公司，2008 年。

34. 施炳華，《臺灣歌仔冊欣賞》，臺南：施炳華，2008 年。

35. 丁淑梅，《中國古代禁毀戲劇史論》，北京：中國社會科學出版社，2008 年。

36. 曾子良，《臺灣歌仔冊四論》，臺北：國家，2009 年。

37. 施炳華，《歌仔冊欣賞與研究》，臺北：博揚文化，2010 年。

38. 李松，《樣板戲編年史‧前篇：1963～1966 年》，秀威資訊，2011 年。

39. 張堂錡，《現代文學百年回望》，臺北：萬卷樓圖書股份有限公司出版，2012 年。

40. 星雲大師口述、佛光山書記室紀錄，《百年佛緣》（全套十六冊），佛光文化，2013 年。

41. 賢驥清，《民國時期上海舞台研究》，上海：上海人民出版社，2016 年。

42. 塗翔文，《與電影過招：華語武俠類型電影論》，高雄：高雄市電影館出版，2018 年。

43. 梁守中，《武俠小說史話》，天津：人民出版社，2019 年。

三、學位論文

1. 丁賢善，〈中國現代武俠小說的敘述藝術〉，博士論文，蘇州大學，2004 年。

2. 賴崇仁，〈台中瑞成書局及其歌仔冊研究〉，碩士論文，逢甲大學中國文學所，2005 年。

3. 蔡寶瑤，〈日治時期台灣歌仔冊之文化意義〉，碩士論文，國立花蓮教育大學民間文學研究所，2007 年。

4. 洪佩君，〈華燈初上：上海新舞臺（1908～1927）的表演與觀看〉，碩士論文，國立暨南國際大學中國語文學系，2009 年。

5. 陳智堯，〈鄭金鳳歌仔戲劇藝生涯與表演藝術研究〉，碩士論文，國立政治大學中國文學研究所，2010 年。

6. 李子敬，〈平江不肖生武俠作品之湖湘文化研究〉，碩士論文，國立臺南大學國語文學系碩士班，2010 年。

7. 翁文義，〈《火燒紅蓮寺》在台灣之研究——以電影、小說、戲劇為討論

重點〉，碩士論文，國立臺南大學台灣文化研究所碩士班，2011 年。

8. 劉南芳，〈台灣內臺歌仔戲定型劇本的語言研究——以拱樂社劇本為例〉，博士論文，國立清華大學中國文學系，2011 年。

9. 蘇秀婷，〈臺灣客家採茶戲之發展及其文本形成研究〉，博士論文，國立政治大學中國文學研究所，2011 年。

10. 陳慧，〈臺灣內臺戲舞臺美術：源由、發展與實踐〉，碩士論文，國立臺灣大學戲劇學研究所，2012 年。

11. 戴竹筠：〈中國佛教會對「戒淫思想」的弘揚與維護（1949～1990）〉，碩士論文，國立中正大學歷史研究所，2011 年。

12. 余宗巍，〈機關布景——二十世紀初期中國傳統戲曲舞美的變革〉，上海戲劇學院，碩士論文，2013 年。

13. 張主恩，〈廖和春編撰拱樂社內臺歌仔戲劇本研究〉，碩士論文，國立臺北大學古典文獻與民俗藝術研究所民俗藝術組，2013 年。

14. 吳彥霖，〈說唱文學與民間戲劇：論時事劇目在歌仔冊與歌仔戲的流傳與衍變〉，碩士論文，國立臺灣大學戲劇學研究所，2014 年。

15. 賢驥清，〈民國時期上海劇場研究（1912～1949）〉，上海戲劇學院，博士論文，2015 年。

16. 李旭，〈中國戲曲舞臺布景的演變研究〉，江蘇師范大學：江蘇師范大學，碩士論文，2015 年。

17. 葉嘉中，〈拱樂社內臺連本歌仔戲劇本研究〉，博士論文，東吳大學中國文學系，2017 年。

18. 高美瑜，〈二十世紀上半葉海派京劇研究（1900～1949）〉，博士論文，國立臺北藝術大學戲劇學系碩（博）士班，2018 年。

19. 簡妤蓁，〈台灣內臺戲舞臺美術研究〉，碩士論文，中國文化大學戲劇學系，2018 年。

四、期刊論文

1. 星雲大師，〈致顧正秋小姐一封公開信〉，《覺生》第 5、6 期合刊（1950年），頁 14。

2. 無名氏，〈個別劇團演出《火燒紅蓮寺》等戲受到批評〉，《戲劇報》第 10期（1962 年），頁 62～63。

3. 無名氏，〈關於《火燒紅蓮寺》的爭論〉，《戲劇報》第 11 期（1962 年），頁 55～60。

4. 萬天石，〈《江湖奇俠傳》中的柳遲〉，《體育文史》第 5 期（1991 年），頁 60～61。

5. 張彥，〈《江湖奇俠傳》作者向愷然〉，《書城》（1996 年），頁 45。

6. 傅謹，〈五十年的禁戲〉，香港中文大學《二十一世紀》雙月刊，第 52 期（1999 年 4 月），頁 125～129。

7. 謝寶煖，〈歷史研究法及其在圖書資訊學之運用〉，《中國圖書館學會會報》第 62 期（1999 年），頁 35～55。

8. 錢劍夫，〈《江湖奇俠傳》與平江不肖生〉，《世紀》（2000 年），頁 46。

9. 黎光容，〈《火燒紅蓮寺》及其類型意義〉，《四川戲劇》第 3 期（2005 年），頁 19～21。

10. 無名氏，〈卓別林喜看《火燒紅蓮寺》〉，《炎黃縱橫》第 7 期（2006 年），頁 60。

11. 鄭培為，〈中國第一部長系列片《火燒紅蓮寺》〉，《大眾電影》第 5 期（2006 年），頁 45。

12. 淩玲，〈《火燒紅蓮寺》：權威消解與弱者夢幻──兼論二十世紀二十年代大眾心理態勢〉，《電影評介》第 20 期（2008 年），頁 14～15。

13. 陸茂清，〈《火燒紅蓮寺》與武俠電影世界〉，《文史精華》第 1 期（2008 年），頁 62～64。

14. 楊清惠，〈《江湖奇俠傳》（1922）的另類孩童〉，《華梵人文學報》第 9 期（2008 年），頁 93～132。

15. 蔡盛琦，〈臺灣流行閱讀的上海連環圖畫（1945～1949）〉，《國家圖書館館刊》第 1 期（2009 年 6 月），頁 55～92。

16. 林永昌，〈1950 年代臺灣歌仔戲「電影舞臺化」與「舞臺電影化」的演出風潮〉，《臺灣文獻季刊》第 60 卷第 3 期（2009 年），頁 221～266。

17. 葉洪生，〈答顧臻弟問有關《江湖奇俠傳》回目內文真偽及版本等事〉，《蘇州教育學院學報》第 3 期（2010 年），頁 10～12。

18. 平江不肖生、周錫山，〈《江湖奇俠傳》的內功描寫〉，《武當》第 9 期（2011 年），頁 50～52。

19. 平江不肖生、周錫山，〈《江湖奇俠傳》的內功描寫（下）〉，《武當》第 10

期（2011 年），頁 54～56。

20. 顧倩，〈禁與解禁：《火燒紅蓮寺》舊史新探〉，《浙江傳媒學院學報》第 3 期（2011 年），頁 44～49。

21. 張密珍、廖紅英，〈《火燒紅蓮寺》武俠電影的紅寶書〉，《電影》第 12 期（2011 年），頁 76～80。

22. 吳超，〈試論中國武俠電影冷兵器影像符號的視覺流變〉，《北京電影學院學報》第 4 期（2011 年），頁 12～16。

23. 游素鳳，〈從歌子到老歌仔戲〉，《藝術論衡》（2012 年），頁 79～105。

24. 朱水兵，〈淺析武俠神怪電影對當代中國電影奇觀現象的啟示——以《火燒紅蓮寺》和張藝謀電影為例〉，《電影評介》第 19 期（2012 年），頁 14～15、17。

25. 顧臻，〈《江湖奇俠傳》版本考及相關問題研究〉，《蘇州教育學院學報》第 3 期（2013 年），頁 21～32。

26. 陳墨，〈《火燒紅蓮寺》被禁案的重訴與反思〉，《當代電影》第 1 期（2013 年），頁 93～99。

27. 石娟，〈文本之外：《火燒紅蓮寺》轟動的外部原因分析〉，《電影新作》第 4 期（2014 年），頁 10～18。

28. 陸茂清，〈中國第一部武俠片《火燒紅蓮寺》〉，《武漢文史資料》第 5 期（2014 年），頁 30～32。

29. 孫金燕，〈紀實與求虛：武俠文本中分裂的符號自我——以平江不肖生《江湖奇俠傳》為解析對象〉，《西南大學學報——社會科學版》第 3 期（2015 年），頁 117～124。

30. 陳霄元，〈用「武行」代替「武林」——從《師父》與《火燒紅蓮寺》的互文性談起〉，《視聽》第 9 期（2016 年），頁 19～20。

31. 石娟，〈民國武俠小說的副文本建構與閱讀市場生成——以平江不肖生《江湖奇俠傳》為核心〉，《西南大學學報社會科學版》第 5 期（2016 年），頁 127～138。

32. 蔡愛國，〈論《江湖奇俠傳》與《近代俠義英雄傳》的小說評點〉，《西南大學學報——社會科學版》第 2 期（2018 年），頁 112～122。

33. 欒梅健，〈現代武俠小說的奠基之作——論《江湖奇俠傳》的時代性與浪漫主義特徵〉，《山東師範大學學報——人文社會科學版》第 5 期（2019

年），頁 24～32。

34. 潘培忠，〈「俗文學派」舊藏閩南語歌仔冊文獻概述〉，《中國文哲研究通訊》第 29 卷第 3 期（2019 年 9 月），頁 185～200。

五、研討會論文

1. 顧樂真，〈戲曲：踏在世紀的門檻上──回顧與展望〉，《兩岸戲曲回顧與展望研討會論文集（卷 1）》，國立傳統藝術中心籌備處，2000 年，頁 36～43。

2. 王見川，〈《火燒紅蓮寺》電影、小說的流行與「近代漢傳佛教」的護教〉，《漢人宗教、民間信仰與預言書的探索》，臺北：博揚文化，2008 年，頁 285～310。

六、公共文件

1. 中華民國行政程序法，第 154 條，第 1 項，「行政機關擬訂法規命令時，除情況急迫，顯然無法事先公告周知者外，應於政府公報或新聞紙公告，載明下列事項：一、訂定機關之名稱，其依法應由數機關會同訂定者，各該機關名稱。二、訂定之依據。三、草案全文或其主要內容。四、任何人得於所定期間內向指定機關陳述意見之意旨。」

2. 中華民國消防法，第 14 條之一，第 1、2 項，「1. 供公眾使用建築物及中央主管機關公告之場所，除其他法令另有規定外，非經場所之管理權人申請主管機關許可，不得使用以產生火焰、火花或火星等方式，進行表演性質之活動。2. 前項申請許可之資格、程序、應備文件、安全防護措施、審核方式、撤銷、廢止、禁止從事之區域、時間、方式及其他應遵行事項之辦法，由中央主管機關定之。」規定訂定之草案。

七、訪談紀錄

1. 童○渝，〈訪問有關《火燒紅蓮寺》劇名異動問題〉，2018 年 12 月 15 日下午 15 時至 15 點 20 時，大稻埕戲苑舞臺。

2. 張○逸，〈訪問有關《火燒紅蓮寺》及《俠女英雄傳》問題〉，2019 年 12 月 23 日下午 13 時至 14 時，戲曲中心外咖啡廳。

3. 廖瓊枝，〈訪問有關《火燒紅蓮寺》及《俠女英雄傳》問題〉，2020 年 5 月 4 日下午 14 時至 15 時，廖瓊枝基金會。

4. 朱○晞,〈薪傳歌仔戲《俠女英雄傳》相問問題訪談〉,2022 年 5 月 27 日下午 16 時 20 分至 16 時 26 分,LINE 線上通訊。

5. 童○渝,〈訪問有關《火燒紅蓮寺》及《俠女英雄傳》問題〉,2022 年 7 月 4 日下午 11 時 30 分至 12 時,童○渝老師車上。

八、影音媒體

1. 廖瓊枝文教基金會,《火燒紅蓮寺》演出實況 DVD,國立臺灣傳統藝術總處籌備處,2012 年。

2. 薪傳歌仔戲劇團,《俠女英雄傳》演出實況錄影,未出版,由薪傳歌仔戲劇團提供參考使用。

九、劇本

1. 廖瓊枝文教基金會,《火燒紅蓮寺》演出劇本,未出版,由財團法人廖瓊枝基金會提供參考使用。

2. 薪傳歌仔戲劇團,《俠女英雄傳》演出劇本,未出版,由薪傳歌仔戲劇團提供參考使用。

十、舞臺設計圖

1. 廖瓊枝文教基金會,《火燒紅蓮寺》舞臺設計圖,未出版,由財團法人廖瓊枝基金會提供參考使用。

2. 薪傳歌仔戲劇團,《俠女英雄傳》舞臺設計圖,未出版,由薪傳歌仔戲劇團提供參考使用。

十一、節目冊／單

1. 廖瓊枝基金會,《火燒紅蓮寺》演出節目單,2011 年。

2. 薪傳歌仔戲劇團,《俠女英雄傳》演出節目冊,2017 年。

附　錄

附錄一：廖瓊枝文教基金會保密與授權同意書

保密與授權同意書

立同意書人：

研究者 江君儀　（以下簡稱甲方）

廖瓊枝文教基金會（以下簡稱乙方）

緣甲方

1　因學術研究需要，向乙方(廖瓊枝文教基金會)相關組織，借用《火燒紅蓮寺》劇本、舞臺設計圖、演出劇照、演出影片，保證不做學術研究之外用途。

2　甲方進行學術研究期間，乙方提供之相關機密資訊（劇本、舞臺設計圖、演出劇照、演出影片、演出文宣），不得任意公開，與此研究無關人員透露。

3　乙方所交付之機密資訊，係指與《火燒紅蓮寺》劇目相關之任何機密資訊。但下列情形不在此限：

　　（1）於揭露前，已為公眾所知悉，或揭露後為公眾所知悉者；

　　（2）於揭露前，他方已從其他合法管道取得；

　　（3）已得他方書面同意不負保密義務；

　　（4）於不違背本合約保密義務之情形下，從其他合法管道取得；

　　（5）他方曾提供予其他第三人，卻未要求該第三人負保密義務者；

　　（6）任一方於接觸該資訊前，即已為任一方獨立開發者；

　　（7）司法機關或政府主管機關依法要求他方揭露者。

4　甲方保證對於乙方之機密資訊嚴守保密之義務，非經乙方事前書面同意，絕不以任何方式使其他第三人知悉或持有任何乙方之機密資訊。更不得於甲乙雙方約定目的以外為自行利用或以任何方式使第三人利用乙方之機密資訊或取得任何權利。如不當洩漏，乙方有權要求甲方承擔一切相關責任。

5　乙方提供相關機密資料（劇本、舞臺設計圖、演出劇照、演出影片、演出文宣），得於甲方完成學術研究後，公開於必要之場合（國家圖書館、國立成功大學圖書館、國立成功大學藝術研究所等）。

6　乙方所提供相關機密資料（劇本、舞臺設計圖、演出劇照、演出影片、演出文宣），得於甲方完成學術研究後進行出版使用。甲方之學術研究出版，需經過乙方確認內容，出版後需給予乙方研究成果出版品。

7　本協議書正本壹式貳份，甲、乙方各執存乙份為憑。

甲方：研究者 江君儀

代表人：江君儀

地址：新北市

電話：

乙方：廖瓊枝

代表人：

職稱：董事

地址：台北市

電話：

中華民國 111 年 7 月 8 日

附錄二：薪傳歌仔戲劇團保密與授權同意書

保密與授權同意書

立同意書人：

　　研究者 江君儀　　（以下簡稱甲方）

　　薪傳歌仔戲劇團　　（以下簡稱乙方）

緣甲方

1. 因學術研究需要，向乙方(薪傳歌仔戲劇團)相關組織，借用《俠女英雄傳》劇本、舞臺設計圖、演出劇照、演出影片，保證不做學術研究之外用途。

2. 甲方進行學術研究期間，乙方提供之相關機密資訊(劇本、舞臺設計圖、演出劇照、演出影片、演出文宣)，不得任意公開，與此研究無關人員透露。

3. 乙方所交付之機密資訊，係指與《俠女英雄傳》劇目相關之任何機密資訊。但下列情形不在此限：

　　（1）於揭露前，已為公眾所知悉，或揭露後為公眾所知悉者；

　　（2）於揭露前，他方已從其他合法管道取得；

　　（3）已得他方書面同意不負保密義務；

　　（4）於不違背本合約保密義務之情形下，從其他合法管道取得；

　　（5）他方曾提供予其他第三人，卻未要求該第三人負保密義務者；

　　（6）任一方於接觸該資訊前，即已為任一方獨立開發者；

　　（7）司法機關或政府主管機關依法要求他方揭露者。

4. 甲方保證對於乙方之機密資訊嚴守保密之義務，非經乙方事前書面同意，絕不以任何方式使其他第三人知悉或持有任何乙方之機密資訊。更不得於甲乙雙方約定目的以外為自行利用或以任何方式使第三人利用乙方之機密資訊或取得任何權利。如不當洩漏，乙方有權要求甲方承擔一切相關責任。

5. 乙方提供相關機密資料（劇本、舞臺設計圖、演出劇照、演出影片、演出文宣），得於甲方完成學術研究後，公開於必要之場合（國家圖書館、國立成功大學圖書館、國立成功大學藝術研究所等）。

6. 乙方所提供相關機密資料（劇本、舞臺設計圖、演出劇照、演出影片、演出文宣），得於甲方完成學術研究後進行出版使用。甲方之學術研究出版，需經過乙方確認內容，出版後需給予乙方研究成果出版品。

7. 本協議書正本壹式貳份，甲、乙方各執存乙份為憑。

甲方：研究者 江君儀

代表人：江君儀

地址：新北市

電話：

乙方：薪傳歌仔戲劇團

代表人：廖

職稱：藝術

地址：台北市

電話：

中華民國 111 年 7 月 8 日

附錄三：廖○枝老師訪談同意書

個別／焦點訪談知情同意書

廖　　老師您好：

　　我是國立成功大學藝術研究所的研究生江君儀。目前在進行論文撰寫，希望邀請有關《火燒紅蓮寺》相關的人分享有關《火燒紅蓮寺》之創作過程。本研究將以一對一進行訪談，地點可選在您方便的地點，時間約為一到二小時，大約進行1-2次。

　　為記錄正確的資料，訪談過程會錄音。如果您不願意錄音，不願某段發言錄音，或中途想停止，請隨時提出。

　　錄音資料彙整為逐字稿後會再請您確認，我們會負起保密責任，未來研究成果不會呈現您的真實姓名，亦會盡力避免他人從研究發表辨識出您。但在非預期情況下您的身份或仍有可能受到揭露，請您慎重考慮是否接受訪談。

　　錄音與逐字稿將安善保存在研究生江君儀沒有密碼的硬碟或電腦裡，並只使用在本研究。若您有興趣想瞭解研究結果，可提供您報告摘要。

　　未來研究成果將出版教材或問卷。可與您分享全篇論文。

　　過程中，若您感到不舒服，想要暫停或退出研究，我們會完全尊重您的意願。先前已蒐集的資料即使研究結束，有任何問題，都歡迎地聯絡我們。

　　　　　　研究計畫聯絡人：江君儀，電話：

研究參與者／法定代理人簽署欄：　廖

錄音：☑同意　☐不同意

成果回饋：☑研究完成請提供報告，寄至（電子信箱或地址）

☐不用了，謝謝

日期：110年5月1日

研究團隊簽署欄：

☑本同意書一式兩份，將由雙方各自留存，以利日後聯繫

計畫主持人／共同主持人／研究人員簽名：日期：110 年 5 月 1 日

　　　江君儀

附錄四：廖○枝老師訪談逐字稿內容

訪問有關《火燒紅蓮寺》及《俠女英雄傳》問題

訪談日期：2020 年 5 月 4 日

訪談時間：下午 14 時至 15 時

訪談地點：廖瓊枝文教基金會

訪談對象：廖○枝老師

訪問者：江君儀

（訪談稿中，訪：為訪談者江君儀，廖：為受訪者廖○枝老師。）

訪：老師，就是我論文想做《火燒紅蓮寺》，所以有一些問題想問老師。那老
　　師我會分成幾個題目進行訪問。

1. 在演出《火燒紅蓮寺》之前您對《火燒紅蓮寺》的故事印象為何？

1-1 內臺時期《火燒紅蓮寺》的樣貌？

訪：請問老師，對於《火燒紅蓮寺》的印象是什麼？

廖：這齣《火燒紅蓮寺》，在我學戲的時候，就是內臺的時期，這齣戲很吃香。

訪：很吃香。

廖：對，這齣戲吃變景戲，剛好我去學的那團叫金山樂社。

訪：金山樂社。

廖：金山樂社，那時候內臺戲，這團的布景最多。過位，我們十天就過位一
　　次，每一次要過位，光布景就要五台卡車。

訪：五台卡車拖布景。

廖：嘿載布景。

訪：哇很多。

廖：嘿因為這齣戲吃變景戲，那時候金山樂社的演員很充足，演員四五十個，看要演這齣戲或是《妲己殺紂王》，這都是變景戲，都有「仙拚仙」。所以每次說要演這齣戲，觀眾人都很多。

訪：那老師這齣戲一次都是演十天嗎？

廖：對一齣戲演十天。

訪：那老師演出有停止嗎？就是從頭到尾有演完？還是說演到十天到就結束？

廖：沒有就是十天都是演《火燒紅蓮寺》，那些壞人到最後都要死。

訪：喔，那老師早期演出的時間，一場差不多演多久啊？

廖：那時候一場演三小時，有時候會超多，差不多三個小時十五分或是十分。

訪：那老師對那個時候的劇情有印象嗎？

廖：那時候的劇情……就是……，這次做的演出你有看嗎？

訪：有有，之前有跟著老師你們一起演出，演第二版的（《俠女英雄傳》）。

廖：喔演第二版的。劇情差不多，但是有多一些角色，比如說騎虎的，也有鬥劍的，騎虎在空中。

訪：在空中騎虎嗎？

廖：嘿有騎虎空中上去，到尾仔還有在空中騎腳踏車的。

訪：有腳踏車在空中，還有騎虎的。

廖：還有大蛇咬人、怪手抓人，還有騎腳踏車的，像是李哪吒就會騎風火輪，騎風火輪然後會轉，就把電光插在上面，輪子轉就會看到……

訪：亮亮的嗎？

廖：對，亮亮的。

訪：所以老師以前的劇情跟現在是差不多的，只是多一些角色。

廖：差不多就是多一些角色。

訪：然後以前的變景的東西使用比現在還要多這樣。

廖：對，因為以前的布景都是放在戲臺上，現在都是要租地方放，就帶演出需要的布景，其他租一間房子放，租一個月一萬五千元，放那些布景。

訪：這樣開銷多很多。

廖：恩，開銷上比較大。

訪：那時候有很多的連臺都在演這齣戲嗎？

廖：沒有，因為布景不夠多演這齣戲就不好看。

訪：喔，因為這齣戲需要很多的布景以及演員，所以也沒有很多的戲班可以
演？

廖：因為劇團有大、小團，若是說一團算十幾個人，要在吊鋼絲什麼的，這些
都是要人工，所以就是要人多。

訪：這樣以前應該是都沒有機器，都是需要人？

廖：對，拉的。

訪：都是人工拉的。

廖：空中也是人去拉的

訪：就是都是人力去拉，不像現在有機器去拉。

廖：現在就是說都是機器化，以前是人去拉。

1-2 老師對內臺時期《火燒紅蓮寺》的角色是不是有印象深刻之處？

訪：那老師有對這齣戲哪一個角色印象比較深刻嗎？或是比較特色的？

廖：就是這幾個，比如說紅姑、妖女等……，還有就是演十天的角色比較多，
有一段是一對姊妹的，一個叫做瓊姑，一個叫做什麼姑，忘記了！她們是
姊妹，就是說她們投到壞師傅，被控制住，沒辦法自由下山。

訪：就是說以前的……

廖：變成說她們姊妹就要去做一些壞事。就是柳遲跟她們說，柳遲跟他師父
呂宣良去跟她們說，她們就想要走離開那邊，但她們的師父去把她們抓
回來，後來就是呂宣良跟柳遲去救她們。

訪：喔，就是呂宣良跟柳遲去救這對姊妹。就是現在沒有的橋段，但是以前
有。

廖：對，以前有。以前做十天，就是要有這麼多角色才有辦法演十天。現在都
撿比較齊了。

訪：對，不然都要需要很多人。而且以前演十天，現在是三小時。

廖：沒有，沒有三小時。

訪：差不多兩個半小時，要演完一齣戲。

1-3 原著小說《江湖奇俠傳》或是《火燒紅蓮寺》眾多版本（電影、電視、
戲曲）老師有印象嗎？

訪：老師因為這齣戲，以前是從小說《江湖奇俠傳》出來的，那老師對這部小
說還是說當時有電影跟連續劇在演出，老師對這部分有什麼印象嗎？

廖：有，印象就是電影比較短，電影比較短，我們歌仔戲在演比較長，電影的
　　景是用錄影的手法，那我們像是這兩次演出的，像是火燒就是用真實的火
　　燒這樣。

訪：那老師有看過歌仔冊的《火燒紅蓮寺》嗎？

廖：歌仔冊就只有前面的歌而已，「紅姑兒子陳繼志」那些歌，我是不曾看過
　　唱整齣的，就是開頭唱這些角色而已。

訪：那所以老師，早期的時候歌仔戲是演整齣的，電影也是一集一集的，但歌
　　仔冊沒有人在唱整本的？

廖：嘿，我不曾看過。

訪：就是開頭的角色唱一唱而已，沒有人在唱整齣的。

廖：開頭、片頭的歌。

訪：就像是這兩個版本的演出，前面老師唱的開頭曲一樣，先唱一段介紹每一
　　個角色？

廖：對。

2. 演出第一版《火燒紅蓮寺》前置作業為何？

2-1 在編劇上做了什麼設計？

訪：老師再製作第一版，就是花蓮的《火燒紅蓮寺》的時候，編劇上有做什麼
　　設計嗎？

廖：沒有，這齣戲不是我編的，是一心的孫○叡寫的。

訪：所以老師是在劇本出來後，進行修改而已？

廖：對，我修改一下而已。

訪：主要還是孫○叡老師寫的。

廖：對，還是要尊重寫的人。

2-2 第一版呈現的演出，有達到老師預期的效果嗎？

訪：那老師，頭一版演出，有符合妳的期待嗎？

廖：頭一次在花蓮酒廠裡面做，花蓮酒廠裡面去搭舞臺，搭外臺戲那種舞臺。
　　所以就變成說舞臺比較小型，舞臺比較小型，觀眾也比較少。所以說那時
　　候舞臺換景都很刻苦，大家都要相閃才可以過。那時候是剛好頭一版在傳
　　藝中心，剛剛好有在講，本來有想說要做定幕戲。

訪：是在傳藝裡面做定幕戲嗎？

廖：嘿，定幕戲。啊尾仔就換人的關係，就沒有做了。

訪：所以才改在花蓮？

廖：所以才在花蓮。

訪：所以原來是跟傳藝那邊有想說要做一個定幕戲這樣。在傳藝中心裡面，整年或是整個月的。

廖：嘿。

訪：後來是因為換人演定幕戲嗎？

廖：沒有，後來他們也都沒有做。

訪：喔，所以才換到花蓮。

2-3 老師為何會想製作《火燒紅蓮寺》？

訪：那這齣戲是老師想要做，還是是傳藝那邊說想做這齣戲？

廖：那時候做這齣戲，是剛好跟主任在聊天，聊說以前的內臺戲。講一講剛好講到這齣《火燒紅蓮寺》，講變景這樣。主任在說變景，劇目加進變景一定很好看，不然來做看看。

訪：所以是老師跟傳藝的主任聊天嗎？

廖：嘿。

訪：聊到那時後內臺時期的機關變景的畫面，才想說要來做這齣戲這樣嗎？

廖：嘿。這齣戲在當時觀眾都很愛看。

訪：因為熱鬧嗎？

廖：熱鬧，啊攏看變景。

訪：就是看變景很厲害這樣嗎？

廖：嘿，看在空中相殺。

訪：老師，以前的劍光是就是燈光嗎？還是以前的劍光是？

廖：以前的劍光齁，應該是跟花蓮一樣。用一個木頭刻一支劍，啊牽電線，裝機器。啊紅光劍就貼紅色玻璃紙，綠光劍就綠的，然後白的，三色。

訪：就是紅的、綠的跟白的三個。

廖：啊人在布景裡面。兩個人拉布景拉緊，兩個人拿劍出去裝鋼絲。啊三支劍牽絲就要三個人拿劍光盒子，因為劍上去不同位置。

訪：所以不能兩個人，要三個人拿。

廖：對，啊一個靠近中間後，在一個人拿兩支劍，一個人拿一支劍，這樣下去鬥劍。

訪：那老師一開始拿劍出來的人，他接給另一個人之後，就趕快跑下臺嗎？

廖：對，啊他們在布景裡面。

訪：他們在布景裡面，所以看不到人，只看到劍光而已？

廖：嘿，看不到人，只看到劍光而已。

3. 那老師做第二版《俠女英雄傳》的時候？

廖：第二版就變成跟現在的科技結合。

訪：就是配合政府科技補助嗎？

廖：對，啊不過還是不夠，所以才要去募款。有一些人、觀眾幫忙。

訪：老師，第二版改成《俠女英雄傳》，我有看了老師之前被訪問的影片，劇名會變，是因為不能用燒火。那還有其他因為劇情上面有改變，所以才用這個名字嗎？

廖：燒火的問題喔，本來花有用真火，尾仔有發火（火燒）出問題，舞臺上禁止，不能用真的火。

訪：所以主要會改名，是因為不能用真火，才改成《俠女英雄傳》。所以跟劇情比較沒有關係。

廖：比較沒有。

3-1 隨著演出場域轉換到戲曲中心，演出場域以及舞臺技術、特效對於劇情有甚麼影響？

訪：場所轉到士林那邊，加了很多科技，那時候還加了平台，老師覺得對劇情有沒有什麼影響？

廖：影響是沒有，對劇情有加分。因為多搭了一個台，大家在上面打武戲，有加分。

訪：場面比較熱鬧好看。

廖：對。

訪：所以其實兩個劇情（《火燒紅蓮寺》、《俠女英雄傳》）沒有差很多。

廖：沒有差很多。

訪：是技術跟舞臺差比較多而已。

廖：對。

4. 兩個版本演出之比較

4-1 兩個版本的優劣與差異

訪：老師，您有覺得兩個版本比較起來，優點跟缺點。兩個版本分別有什麼優點跟缺點嗎？

廖：有。比如說以空中來說，花蓮是用拉的，用拉的，一下子就上去了。那我
　　們這次是用電腦控制，所以有辦法這邊飛到那邊都是在上面，然後布景
　　在動，很像人在飛。

訪：那老師覺得有沒有什麼缺點？兩個版本。

廖：缺點喔。缺點就是第一次用，在試的時候沒有什麼時間。

訪：就是時間比較逼。

廖：時間比較逼，就沒有辦法說試到說，速度多快、方向變化這樣，比較不好。
　　本來就是這樣，不管是在做戲還是在用東西的時候，都是越用越熟手。

訪：都是要時間練。

廖：嘿呀，都是要時間越用越熟這樣。啊時間逼，就比較沒有辦法。因為開銷
　　大，桃園跟台南都想要做，但就是開銷大。

訪：對，到每一個地方演出都要花很多費用。

廖：開銷很大，說實在不是說很大的公司、大企業家出來說要做，就比較沒有
　　辦法。

訪：所以後來就是可能不會再演。

廖：現在屋子是還租著。

訪：就是放布景那邊嗎？

廖：嘿，就是一直想說看有沒有機會再來做。再來現在又壞這個時機（疫情），
　　就越壞下去了。

訪：疫情的影響，應該要一段時間後，經濟才會在好起來。

訪：老師自己有對哪一個版本比較喜愛嗎？

廖：其實版本都差不多。情節（展頭）都差不多，就是差在科技與人工。科技
　　如果說有時間可以再磨，有時間再去修改，我感覺用科技是比較好。

訪：用科技比較好。但第一個版本比較像是內臺時期的感覺？

廖：嘿，對對。因為頭一版有真火，第二版就不能用火了。不能用火，就比較
　　沒有那個刺激性。

訪：感覺上就有差了。第二版是用投影。

廖：投影比較沒那麼像。

訪：有真火大家會感覺比較真。

廖：觀眾坐在裡面，窗戶打開，火都在窗戶外面燒，就好像觀眾被包在火裡面
　　一樣。

訪：觀眾會聞到火燒的味道。觀眾就會感覺到……

廖：真火在燒的感覺，會比較稀奇這樣。啊現在投影，大家做大戲很多人在用投影，比較沒有那種稀奇的感覺。

5. 其他問題

5-1 老師獻唱片頭曲

訪：老師那時候有獻唱片頭曲，是因為老師覺得這樣比較可以呈現復古嗎？

廖：那是以前內臺就是這樣唱。

訪：就是內臺時期，再演這齣戲前，都會唱一段片頭曲這樣嗎？

廖：嘿。

5-2 老師先前於其他節目的訪談內容。

訪：之前有聽老師在寶島廣播台的訪談內容，有聽老師提到說，之前有關於和尚的部分，老師有修改一些，改成是壞人去佔廟。是因為那時候是不是這齣戲有跟佛教有衝突的地方？

廖：因為我們一般佛教，或是基督教，都是勸人做好。以前是直接那個師父是壞人，我覺得說可能以前的人比較不會反抗，現在這樣別人比較會講話。就改做廟去被壞人佔去。

訪：就是符合劇情，又不會跟佛教有衝突這樣？

廖：對。

5-3 其他延伸問題

訪：老師，那我差不多都問完了。我就是想說寫這個題目，因為好像也沒什麼人寫過，資料也比較少。這齣戲內臺時期好像都沒有什麼資料留下來，所以想說直接跟老師進行訪問。

廖：其實說你說電影也沒什麼資料。

訪：對，最早的那版，已經沒有資料了。

廖：我有兩片不一樣的，是那時候要做這齣，去買的。

訪：因為我知道好像是 1932 年，最早拍的版本已經沒有了。

廖：絕版了，那很久了。又後面都沒有人做。

訪：老師，為什麼這齣戲後來就都沒有人在做了？

廖：就是這齣戲，人要多、布景要多。

訪：所以就漸漸沒有人在做了？

廖：如果沒什麼布景，那這齣戲就做不起來了。

訪：那這個跟那時候的政府有什麼關係嗎？

廖：那時候沒有，那時候政府沒有在管這些。

訪：那時候的政府有禁止不能夠演這齣戲嗎？

廖：也沒有。

訪：所以沒有繼續演的原因，比較多是因為⋯⋯

廖：是因為開銷跟演員。演員不夠那麼多。

訪：因為這齣戲的角色很多。

廖：嘿。

訪：原本我想說是不是這齣戲有被政府禁止，所以才沒有被留下來。

廖：沒有，這齣戲沒有。但《殺子報》有，那時候有禁止四、五齣，但是我忘記了，太久了。那時候我才孩子，剛去學戲。

訪：老師，我有聽一些跑外臺的老師說，以前陳繼志這個角色，頭上會綁上⋯⋯

廖：綁五支。

訪：對，上面會綁沖天炮。

廖：綁炮仔，綁在頭髮上。

訪：那老師我想問一下，那時後桂武背的雞頭，算是魔術還是機關。

廖：算是機關，因為飛劍要見血才會回頭，那甘瘤子的劍剛好到位，他（桂武）是背在後面，甘聯珠叫他趕快低頭，就變成劍去砍到那隻雞。

訪：早期也有這個斬雞頭的橋段（展頭）嗎？

廖：有。

訪：是用劍光去斬雞頭嗎？

廖：不是，不一樣。劍光是人去控制，斬雞頭的劍光是吊一條繩子，然後讓它下來這樣。做法不一樣。

廖：啊雞頭是用裝的，可以掉下來的。

訪：所以跟劍光又不一樣。

廖：嘿。

訪：老師，那我差不多都問完了。

廖：差不多問完了嗎？

訪：嘿呀，我想說直接來訪問老師，可以更了解那個時候怎麼運用這些機關。

廖：像是掌心雷，那棵樹也是有安電線在。一個喊「看掌心雷」，樹仔的兩條

　　電線就相打電「嗶」！

訪：所以其實機關都是接電，才能夠呈現。

訪：老師那這次《俠女英雄傳》的下雨，是用科技的方式將水收回去。那以前的下雨要怎麼回收？

廖：直接從臺下下去。

訪：是接管子嗎？

廖：沒有，沒有接管。因為現在的舞臺地板都很密，以前的舞臺地板縫隙很大，臺上下雨就直接下去了。

訪：就不用再回收了，就是水放下去就是下去了。以前的衣服這樣也是會濕搭搭。

廖：嘿，攏濕。

訪：那時候是接水管嗎？

廖：沒有，就是先將水放上去。

訪：到那個橋段（展頭）再把水放下來嗎？

廖：嘿。

訪：那老師覺得跟現在版本像嗎？

廖：水的方面差不多。

附錄五：張○逸老師訪談同意書

個別/焦點訪談知情同意書

張　老師您好：

　　我是國立成功大學藝術研究所的研究生江君儀，目前在進行論文撰寫，名字是《火境紅蓮卉》與《俠女英雄傳》相關的人分享有關《火境紅蓮卉》與《俠女英雄傳》，預計以一對一進行訪談，地點可選在您方便的地點，時間約為一到二小時，大約進行一至二次。

　　為記錄正確的資料，訪談過程會錄音。如果您不願意錄音、不願某段被錄音或想中止，請隨時提出。

　　錄音資料彙整為逐字稿後會再請您確認，我們會負起保密責任，未來研究成果不會呈現您的真實姓名，亦會盡力避免他人從研究發表辨識出您，但在非預期情況下您的身份或仍有可能受到揭露，請您慎重考慮是否接受訪談。

　　錄音與逐字稿將妥善保存在研究生江君儀設有密碼的硬碟或電腦裡，並只使用在本研究，若您有興趣瞭解研究結果，可提供您報告摘要。

　　未來研究成果將出版教材或問卷，可與您分享全篇論文。

　　過程中，若您感到不舒服，想要暫停或退出研究，我們會完全尊重您的意願。先前已蒐集的資料即使研究結束，有任何問題，都歡迎聯絡我們。

研究計畫聯絡人：江君儀，電話：

研究參與者/法定代理人簽署欄：

錄音：☑同意　☐不同意　　張○○

成果回饋：☑研究完成請提供報告，寄至（電子信箱或地址）＿＿＿＿＿＿＿＿＿

　　　　　☐不用了，謝謝

日期：111 年 7 月 8 日

研究團隊簽署欄：

☑本同意書一式兩份，將由雙方各自留存，以利日後聯繫

研究人員簽名：江君儀

日期：111 年 7 月 8 日

附錄六：張○逸老師訪談逐字稿內容

訪問有關《火燒紅蓮寺》及《俠女英雄傳》問題

訪談日期：2019/12/23

訪談時間：下午 13 時至 14 時

訪談地點：臺灣戲曲中心外咖啡廳

訪談對象：張○逸老師

訪問者：江君儀

（訪談稿中，訪：為訪談者江君儀，逸：為受訪者張○逸老師。）

1. 在演出《火燒紅蓮寺》之前您對《火燒紅蓮寺》的故事印象為何？（原著小說《江湖奇俠傳》、內臺時期曾經紅極一時的《火燒紅蓮寺》、《火燒紅蓮寺》的眾多版本，包含：電影、電視、戲曲。）

訪：那這個題組需要跳過嗎？

逸：對，這個題組我看過。比如說包含原著小說這個，我是不知道的。然後第二個我也沒有碰過。在第一大題，其實基本上我是不熟，唯一的就是我們演過的版本。

2. 演出第一版《火燒紅蓮寺》前置作業為何？

2-1 得知要演出此劇後，有特別為了詮釋角色而做了哪些事情嗎？

訪：老師在得知要演出此劇本時，有做了哪些前置作業嗎？

逸：其實一開始火燒紅蓮寺要演的時候，我們其實只有……，如果詮釋上來說，因為我對本身角色，我通常會跟現在要演的劇本去走，比如說西廂記會去看小說、這齣戲的原著《江湖奇俠傳》，我也沒有特別去看。我通常

會用我要詮釋，就是要演的這個本子，然後這個角色的編劇走向的模式，下去揣摩我要演的角色。所以就會變成，它一定會跟原來的原著或者另外的版本不一樣。

2-2 演出場域以及舞臺技術、特效對您演出上有無有別以往演出經驗的影響？

訪：那老師，因為第一個版本在花蓮演出。

逸：對，在花蓮酒廠。

訪：是，那邊的演出環境蠻特別的。那這樣的環境下，舞臺的技術、燈光及特效上，對於您在演出上，有沒有不同於以往演出的經驗？

逸：有兩種。第一個是平常外臺的公演，第二個是劇場。那之前在花蓮其實是劇場表演，可是因為它：第一高度不足，第二不是一個正式劇場，但是它在搭建上，整個場景、活動式的背板、轉動的布景，旁邊的翼幕用硬景片去轉。聽較為年長曾看過內臺戲的學生說，她看到了場景的搭建，其實很感動，一進去就很有內臺時期，就像是以前「戲院」的感覺，就是非常像。那因為當時那個場景裡面，我記得那個環境是，不是劇場暗燈模式，就是有玻璃，會有太陽光可以照射進來。那時後有下午場及晚上場的演出，基本上就是要將所有的玻璃，都用黑布蓋起來，才能像室內的感覺。那椅子也不是那種很正式的，是用活動的椅子排列整齊而已。

訪：那場域的選擇是，是刻意挑選在花蓮酒廠嗎？

逸：其實應該算是刻意挑的。那時候是因為要「火燒」紅蓮寺，老師（廖○枝老師）在跟○能老師，那時候的舞臺設計溝通時，劉○能老師認為若要與科技結合，會太科技就是技術面會很多。他（劉○能老師）覺得我們要呈現，應該是呈現「內臺」時期的「機關布景」，在火燒上，就真的一定要使用火，而不是用動畫去處理這件事情。那時候我們就在想，因為室內舞臺，大家不敢在裡面燒火，所以才找到了花蓮舊酒廠改建的文化園區像是小劇場的空間。那就是在最後「火燒」的那一幕，想有類似 BBQ（炭火）的味道，所以就挑那個地方，因為場地有點半室外，有兩邊通風的走廊。那個時候我記得最後的「火燒紅蓮寺」，用一整排的鐵架放了所有的木炭，真的點火，所以當舞臺底幕拉開時可以看到火穿透過去，觀眾可以體驗到火在燃燒木炭、燒紅蓮寺的味道。那時後我覺得因為是要有這幕，所以挑選一個半室內、半室外的空間去進行演出。

訪：創造逼真的效果。

逸：對。

2-3 對於第一版本的演出心得是？

訪：老師有沒有對於第一個版本的演出心得？

逸：對我來講，很有趣。第一個是很新鮮，因為沒有看過，再來就是那次算是我第一次吊鋼絲。當時候因為天候關係，大家提前一天下花蓮與技術配合，到現場後大家都需要適應環境，那第一個要磨合的技術，就是吊鋼絲。一開始其實大家都很害怕，因為沒有吊過鋼絲，當然大家憑空想像的很多事情，都是到真正嘗試後，才能去感受到感受是什麼，真正吊上去後發現其實很好玩。

逸：那因為場地的高度不足，吊上去後非暗燈不可，整體來說離開地面大概兩公尺不到，所以也沒辦法進行斜飛或是在空中旋轉，就是只有上、下的那個感覺。那時候是用一種繩索綁，而且是用人拉的。

訪：是單一的支點嗎？

逸：單一、中間。那時候還想著衣服是不是要開洞，後來也沒有。也是後來才知道，工作人員都要藏在後面，幫我們勾勾環，那我們自己身體怎麼樣配合可以讓工作人員把勾環勾起來，讓在出現（於表演中）時已經勾好了鋼絲。

逸：那吊了鋼絲之後，其實很難走動，走位沒有辦法像一般演出一樣，隨時可以變換，鋼絲是緊繃的，不能讓它整個鬆掉，所以連走動都要想著怎麼樣能不讓鋼絲鬆掉，在走動的過程，工作人員需要放一定的長度的鋼絲，讓我們可以走位。另外就是還需要注意不要被鋼絲勾到。所以其實就是一個很不一樣的體驗，無論是一個人飛走或是兩個人飛走的感覺，都很特別。

逸：然後這齣戲就是真的是像武俠，本來是文後來變武的感覺。就像是老師（廖○枝老師）常在說的「棄文就武」的樣子。過去在蘭陽戲劇團，刀槍把子對我來說不是很困難，但在老師（廖○枝老師）這邊，刀槍把子幾乎很少用到，這齣戲等於是讓我打了武戲，又學習了一套劍穗套路。這就是在表演上的另外一種養分、學習。當演出結束後，覺得很可惜，沒有了。

訪：當時沒有想說要在繼續演這個劇目嗎？

逸：沒有，因為當時其實前前後後花了六、七百萬的製作費，非常的高。到後來我們在演出《俠女英雄傳》也是花了不少錢。但我覺得蠻好的，就是瞭解說「劍光」是怎麼打的，會有工作人員全身穿著黑色衣服，拿著會發光的劍，在後面走動。對我們演員來說，就是瞭解「內臺」的「機關布景」是怎麼樣形成那個感覺的，我覺得是好的。

訪：老師，請問第一次吊鋼絲的位置，是在脖子嗎？

逸：後來（《俠女英雄傳》）其實也是吊在脖子的位置，只是後來有穿整件的威牙衣，不是綁的。因為第一次（《火燒紅蓮寺》）綁的，下來都會有勒痕、瘀青。但是這次再演的時候，穿整件的，因為吊鋼絲上去的高度大概九公尺。

3. 演出第二版《俠女英雄傳》前置作業為何？

訪：第三個題組跟第二大題蠻像的。就是說確定要再演出第二版的時候，因為我有參與第二版的演出，看過第一版的影片，我稍微比對過後發現在劇情上，好像沒有太大的變動。

逸：對，其實它（《俠女英雄傳》）我記得唯一的不一樣，就是紅姑碰到雪蓮死掉的那段，有強調了紅姑對這件事情的不滿，就是紅姑希望可以伸張正義。把「俠女」這件事情明顯化，把她做一個心理過程、心裡話詮釋出來。那第一版（《火燒紅蓮寺》）其實沒有這段。其實兩版本差不多，就是角色變動，但劇本本身來說，我覺得沒有太大變動。

訪：那第一版到第二版進行劇名更換，主要是因為火不能使用嗎？

逸：也不算是。就是那時候知道要再製作的時候，第一個就再製作的時候，你要能夠吸引人，那若是用同樣的名字，有些人就回覺得說：「看過了」，那就不會再來了！我覺得是一個宣傳點，這是其中之一。

逸：第二就是當我們在申請案子的時候，他會需要有一些變化，包含劇名等都可能會有這樣的問題，所以可能就會需要有不一樣的名稱，做一個新的包裝，因為第二次我們就明顯寫了一個與科技結合，所以很多東西就會變成不那麼的現實。比如說：雷射光、爆破等，但火燒就是用投影，不是真的用火去做出場景感受。

3-1 得知再版後，在角色詮釋上有做甚麼改變嗎？

訪：那老師得知再版後，在角色詮釋上有做甚麼改變嗎？

逸：這點我覺得還好誒。

訪：因為劇本內容沒有太大變動嗎？

逸：對因為劇本沒有太大改變，它比較強調在我剛剛說的那一塊（第三題開頭），就是伸展出一個俠女，就是紅姑這個角色她想做的事情是什麼。主要是強調這件事情。我覺得有一些正義化身的感覺。我想也可能是因為強調這件事，所以後來劇名改成《俠女英雄傳》，就是有俠女、有英雄，去成就這件事情。

3-2 隨著演出場域轉換到戲曲中心，演出場域以及舞臺技術、特效對您演出過程有甚麼不同的影響嗎？

訪：那老師，演出場域轉換到戲曲中心，它的舞臺技術等等，因為整個不一樣，所以對妳在進行演出時，有什麼不同的影響嗎？

逸：第一個，光是吊鋼絲的高度就有很大的挑戰。

訪：對，非常的高。

逸：還有技術面。因為以前是人拉的，後來在戲曲中心是電動的，電腦控制。第一個速度感不一樣，第二個下降也不一樣，整體來說出錯率增加了，所以我們花了更多的時間在這一塊，光是飛上去和飛下去的部分。甚至遇過同一場戲，飛行方向是同一邊的，我記得那時候在適應的時候，應該是要同一邊飛走的地方，卻變成兩邊飛。因為我們兩個演員的手是牽著的，當飛上去遇到這樣的狀況時，我們兩個的手被迫分開，飛行的方向偏離，導致一鬆開手，我身上的鋼絲被旋起來，在空中轉了好幾圈。很害怕！有一種演員拿生命去演出的感受。

訪：對，因為高度真的非常高。

逸：那空中被旋起來的感覺，讓人非常非常沒有安全感。加上說本身會知道，因為是電動控制，如果在旋轉當下機器繼續運作，機器與鋼絲會咬死，可能導致鋼絲斷掉，我們從上空掉下來。

逸：他們（技術人員）都知道這些問題，也都有跟我們說他（技術人員）要用一條接兩條鋼索。那這樣就會有一個問題，就是當我們飛上來或是飛下來，會有轉面（面向）的問題。這是非常困難的問題，因為會不小心就從正面轉成背面，我們要想辦法把自己轉回來，但在空中沒有著力點。

逸：到後來都腰痠背痛，加上我們裡面穿的是威牙衣，在演出前一個多月，我們還有另外設一個場地在內湖，在劇校搭設鷹架試飛，才發現威牙衣太厚，我光是小旦的疊腳（小旦站姿），疊不起來，也沒有辦法走路。兩隻

腳沒有辦法好好併攏，沒有辦法走小旦步。後來才將威牙衣的泡棉拿起來，但其實泡棉拿起來對我們來說是會痛的，因為威牙衣穿戴在胯下的位置，那要怎麼樣處理到我們穿起來是舒適的，這點的克服是蠻困難的。那這次因為鋼絲的關係，我們每個人的衣服是有開洞的。

逸：除了鋼絲之外，我們進劇場後就會希望有不同的舞臺感官，結果舞臺設計做了很多的平台。

訪：喔，對呀！

逸：高階平台。那我真的覺得其實對演員來說很危險，加上技術人員在換景上要搶時間，有時候技術人員會忘記鎖樓梯。在排練過程，有看到蠻多次大家都有摔倒這件事情，說真的很心疼。這點可能就是之後在設計上，也要考慮的，而且我們演的不是一個文戲，可以慢慢的下樓梯或是在舞臺上行走，我們都是在跑來跑去，那個（平台）危險性，其實增加很多我們在表演上的困難。

訪：那特效上，老師剛剛有部分提到了。

逸：對，但在爆破上，我們當初應該都有被爆破嚇到！後來就有比較習慣。那我覺得機關這件事情，比如說：斬雞頭，那個道具做的讓我們在表演上，其實是一個很大的困難點。當然我覺得，其實很多東西是在後來我們看影片或是看相片，才發現喔！原來我們在做這個身段動作的時候有一個雷射光出來，比如說梅花神針。其實說真話是蠻炫的，但當然也有一些觀眾反應說，雷射光對他們（觀眾）來說其實很吃力，眼睛很不舒服。這個都是可能今天（未來）再製作的話，可能都要重新考量、再改進。

3-2 對於第二版本的演出心得

訪：那老師對於第二個版本的演出心得？

逸：演出心得。

訪：是的。

逸：就是我剛剛說的增加很多難度。第一個要適應吊鋼絲的高度、克服安全的問題，因為我們吊上去後，在上空等待的時間很久，我們都知道觀眾有看到我們吊在那裡。

訪：就是有穿（穿幫）的問題？

逸：對，我覺得很不好。但是說如果有機會可以重來，很多東西都會希望再加強、再改進。然後演員的安全性也應該要多注意一些。當然後來也有做了

一條繩索讓我們拉，確保要飛下去之前，面向是面對觀眾的。不然我們剛開始上去適應的時候，即便我們沒有動作，鋼絲也會自然轉面，就會很緊張，擔心飛下去的時候是背對觀眾，再來就是會很奇怪，飛下去的時候應該朝向的方向不對。

逸：所以，所有的技術面，我發現現在有一個習慣就是劇場的表演模式，比如說這週是哪個團隊，下週就是另外的團隊，一個團隊大約只有一週的裝台工作時間，所以進劇場磨合的時間就變成非常緊縮，再加上有一些場館是週一休館，就變成團隊可能週二、週三、週四都還在搭台，處理燈光、布景，演員再進去磨合的時間就微乎其微。就會覺得好像在充滿危險性的工作環境裡面，呈現演出，這是蠻危險的。這也是後來我們《俠女英雄傳》週五的場次，不是完全對外場，週六演下午、晚上，就是因為要磨合吊鋼絲的時間。這個就是說，如果真的可以重新來過，那工作期上真的要拉到七天至十天至演出。第二就是演員、工作人員，大家都還要適應那樣的場景。我記得我們最後一場演員是全濕的狀態。

訪：對。

逸：所有的工作人員需要馬上清理舞臺，演員要馬上接著晚上場的演出，要將濕掉的戲服穿上時，覺得非常辛苦。演員也都非常敬業，戲服濕濕的，也還是將它（戲服）穿回去。就是大家齊心協力將這件事情完成。我覺得舞臺設計也有考量到，舞臺地板加了水之後會不會很滑這件事，還好設計師的設計，讓我們的戲鞋沾濕的情況下，與舞臺還是保有摩擦力。就覺得真水布景上，算是做的很成功的部分。

逸：這次也可能是因為高度跟整個設計感不同，我記得在花蓮的時候，我們一吊鋼絲上去，看到的是蓮蓬頭，那這是就不是。那在水噴出的狀況，水柱也明顯的比花蓮那時候大很多。就演員淋濕上，是真的淋的蠻濕的。那天就是很辛苦，所有工作人員也都沒有吃飯，就趕快把所有演員的衣服吹半乾，就接著晚上七點半的演出。一天演兩場，對演員或是對所有工作人員，都是很大的挑戰。

逸：舞臺的表演，真的是演一次就是少一次，也不知道是不是因為現在稍有一些年紀了，不太適合一天演兩場。因為我覺得要儲備一整天的狀態，然後去好好表演一場，那一天內演出兩場，我覺得是沒有辦法盡興的演出，會想著晚上還有一場，下午不能完全的揮灑，必須保有某種程度上的體力。

那晚上的狀態，就會變成因為已經耗盡了一部分的體力，用僅剩的體力去完成演出，我會覺得有點可惜。所以，我會希望以後的製作盡量，除非真的沒有辦法，那就是一天演出一場就好。

逸：之前聽說過，國外的歌劇，都是演出一天休息一天，讓演員的嗓子回覆的情況，我聽了覺得不可思議，那也突然覺得說臺灣的這個生態裡，好像不是那麼重視、保護這個無形資產的問題，就是這些演員都是無形資產，會發現說，這些演員的嗓子，都是應該要被保護的。這一點，我覺得臺灣的環境裡頭，好像比較沒有那麼關注。當聽完後，就會覺得如果臺灣有這樣的環境，對演員來說蠻好的！

4. 兩個版本演出之比較

訪：那兩個版本的比較，好像在演員和技術層面的落差比較大？然後樂隊的編制可能也不太一樣？

逸：樂隊上，我覺得沒有落差很大。因為柯（柯○峰老師）老師本來在音樂設計上，本來就會做配器，他不是習慣那種大齊奏的人，當然整體風格沒有變化很大。只是說，那個時後的導演（馬○三老師）跟後來的導演（曹○永老師），那當然會因應曹老師要的東西，那第二版的主體不變，在某一些連接跟動作的連接上，會增減一些音樂，那變化也不是到非常非常大。比如說紅姑那一段，凸顯俠氣的部分，那個就是新編的了，是原來完全沒有的。

4-1 兩個版本的演員有些許不同，您在演出對手戲上有做甚麼改變或是設計嗎？

逸：在演員的部分的話，因為那時候（《火燒紅蓮寺》）是用基金會的名義製作的戲，那時候我記得老師（廖○枝老師）身邊的藝生（文資局的藝生），老師並沒有把薪傳歌仔戲團的團員、劇團接回來，所以沒有特定的演員。可能是老師心裡頭想到誰，就請了誰，所以那時候是來自各方。老師想到了可能誰可以來幫忙演出，有意願來幫忙，那就邀請這樣。

逸：後來這次，是已經經過那麼多年，老師也已經將薪傳接回來了，薪傳本身有自己比較常合作的演員，那一定會從長合作的演員去著手。那主要角色應該除了我（紅姑）沒變，其他像是阿江（江○瑩）當是還在小旦轉小生的階段，這次就轉成完全的小生角色。

逸：我覺得年代在改變，說不定過幾年，我的角色也就換別人來演出了！即

便是劇團本身製作的戲，在年代更換的時候，就會有不一樣的新人出來，不一樣的組合出現，都是蠻好的挑戰。

逸：那我覺得要再版的話，其實有一些小困難，因為經費的動盪蠻大的，所以我覺得再演的機率，應該不算高。然後有時候在演員上，比如說我現在打得動（武戲），但可能過了三年、五年打不動了，也可能因為這樣的原因換角。這些都是會在之後的製作上進行的考量，所以在第一版和第二版，才會有這麼多演員的更換，這就是每個時代、每個時期，再製作新戲要考量多一點的部分，包括：身邊的演員有誰、常用的演員有誰、導演手法或是導演希望怎麼樣的安排，這個演員能不能夠做到。就像是演員的能力很足夠，導演就會增加比較多的東西。有時就會因為人，然後更動我們模式，這也會是一種不一樣的詮釋。

訪：老師在經過這兩個版本，對手戲上面有沒有比較另老師印象深刻的地方？對手上面，有沒有做了其他的改變或是設計？

逸：比如說我自己的部分，光是劍穗套路跟飾演我小孩的演員，本來是妳（訪問者）學姊（李○慧），後來是○晞（訪問者同學），她們兩個配都可以，因為在體型上她們都比較嬌小，就會說她們演我的小孩，好像都蠻適合的。那當然每一個，我們再演的時候，都會有不一樣的默契，在排的過程一定要花時間磨合，這是一定的。剛開始在排練，練劍穗時，一開始我記得《火燒紅蓮寺》的劍套，我跟對方是一起學的，後來再演（《俠女英雄傳》），我應該是要熟悉（熟悉劍套）的人，應該要帶她（○晞）的，後來我發現，我好像也不太熟。就變成說，後來其實都是要看錄影帶，共同去觀看、共同去學習，然後在去磨合默契。

逸：那再來就是演出《火燒紅蓮寺》跟《俠女英雄傳》時，我的位置有點被改變了，火燒的時候我好像比較純粹是演員，俠女的時候，就不那麼純粹是演員。因為要幫老師（廖○枝老師）分擔的事情多了，雖然那時候還不是團長，可是已經在某種程度上，要去承擔一些工作量，所以就變成不那麼純粹了，就覺得沒有辦法只做演員這件事情。所以練功的時間也好，跟演員、對手搭配的時間也好，我覺得我沒有辦法預留那麼多的時間在這一塊，這點我覺得對我來講有點可惜。

逸：所以如果讓我在選擇，我還是會喜歡只當演員，只純粹當演員，然後就是好好的演出這樣。當然現在在這個位置上很難，也會出現別的想法說，如

果慢慢的讓自己退下來（從演員的角色），只做製作人這塊，也蠻好的，也不排斥。快兩年，製作了這麼多演出，處理了劇團這麼多事務，突然就覺得責任這件事情變得比較大，看的面向也會不一樣。

訪：所以在兩版本之間，老師的位置已經開始在轉換了。第一個版本老師可以更純粹的當演員，有更多的時間可以去跟其他演員進行磨合。那第二個版本，因為職位開始轉變，時間就會被壓縮。

逸：時間會縮減一些。被壓縮了，就會強迫自己。變成說反而第二版的壓力比第一版的壓力來的大，加上要克服技術面，因為那些東西都不是告訴別人，壓力就會縮減，基本上上去的就是妳。

訪：就是必須去做。

逸：對就是必須上去，所以壓力遠比第一次來的大。

訪：而且第二版幾乎都是比較年輕的演員。

逸：對，所以在磨合上，應該要花更多時間的。雖然花了時間，但就會覺得好像還是不夠，很多時候就會覺得是自己的事務太多，然後沒那麼純粹只管演出的事情。所以即便我多花了時間，還是會覺得不夠。對自己來說，會覺得好像少了點什麼。

4-2 與設計群之間的互動（樂隊、技術）

訪：老師，請問兩個版本演出，在技術層面都是同一個團隊嗎？

逸：沒有，完全不一樣。那時候（《火燒紅蓮寺》）的製作群是劉○能老師，那後來是張○龍老師。燈光設計、舞監、也都不一樣。又加了雷射、投影，以前沒有投影，都是用真的布景去做。

訪：很純粹的。

逸：對，就是用傳統的模式。當然兩種的表演模式就會不一樣，演員不一樣、舞臺大小不一樣，舞臺高度也差很多。

訪：那老師，兩個版本的場地差很多，第一個版本製作的東西，後來是不是就沒有辦法繼續使用？

逸：對，沒有辦法用。本來那些就是針對花蓮場地製作的，而且後來劇團也沒有地方放那些布景道具，聽說那些東西借放在別處。因為是違章建築被拆除，所以後來那些東西也都沒有了。沒有任何一塊東西被留下來。

逸：那其實還有其他困難在，就是後來製作用投影、平臺還有地板，現在兩年過了，每個月要花費一萬五在三峽租借倉庫，放這些布景、道具，就放

在那邊也沒有什麼在用。這個也是劇團很傷成本的一部分。有時候也覺得很為難，就會想說到底要用投影比較好還是布景比較好，這也都是劇團方未來製作時，要去思考的問題。

訪：老師，那我訪問差不多到這邊結束，那後續可能還有其他問題會出現，可能還需要老師的協助跟幫忙。

逸：好！

訪：謝謝老師！

附錄七：童○渝老師訪談同意書

個別/焦點訪談知情同意書

童　　老師您好：

　　我是國立成功大學藝術研究所的研究生江君儀。目前在進行論文撰寫，希望邀請有關《火燒紅蓮寺》與《俠女英雄傳》相關的人分享有關《火燒紅蓮寺》與《俠女英雄傳》創作過程。本研究將以一對一進行訪談，地點可選在您方便的地點，時間約為一到二小時，大約進行1,2次。

　　為記錄正確的資料，訪談過程會錄音。如果您不願意錄音、不願某段發言錄音，或中途想停止，請隨時提出。

　　錄音資料彙整為逐字稿後會再請您確認，我們會負起保密責任，未來研究成果不會呈現您的真實姓名，亦會盡力避免他人從研究發表辨識出您　但在非預期情況下您的身份或仍有可能受到揭露，請您慎重考慮是否接受訪談。

　　錄音與逐字稿將安善保存在研究生江君儀設有密碼的硬碟或電腦裡，並只使用在本研究。若您有興趣瞭解研究結果，可提供您報告摘要。

　　未來研究成果將出版教材或問卷　可與您分享全篇論文。

　　過程中，若您感到不舒服，想要暫停或退出研究，我們會完全尊重您的意願。先前已蒐集的資料即便研究結束，有任何問題，都歡迎聯絡我們。

　　　　　　研究計畫聯絡人：江君儀，電話：

研究參與者/法定代理人簽署欄：

錄音：☑同意　　☐不同意

成果回饋：☑研究完成請提供報告，寄至（電子信箱或地址）＿＿＿＿＿＿

　　　　　☐不用了，謝謝

日期：111 年 7 月 十 日

研究團隊簽署欄：

☐本同意書一式兩份，將由雙方各自留存，以利日後聯繫

研究人員簽名：江君儀

日期：111 年 7 月 4 日

附錄八：童○渝老師訪談逐字稿內容

訪問有關《火燒紅蓮寺》劇名異動問題

訪談日期：2018/12/15

訪談時間：下午 15 時至 15 點 20 時

訪談地點：大稻埕戲苑九樓舞臺上

訪談對象：童○渝老師

訪問者：江君儀

（訪談稿中，訪：為訪談者江君儀，渝：為受訪者童○渝老師。）

1. 關於兩個版本在劇名修正，老師知道其中原因嗎？

訪：請問婕渝老師，知道為什麼兩劇目會進行劇名修正嗎？

渝：我記得在 2011 年的時候舞臺還可以使用火，2017 年沒有辦法使用火。而且又加上要加重紅姑的戲分，所以才改為《俠女英雄傳》。

訪問有關《火燒紅蓮寺》及《俠女英雄傳》問題

訪談日期：2022/7/3

訪談時間：上午 11 時 30 分至 12 時

訪談地點：童○渝老師車上（前往演出的路途中）

訪談對象：童○渝老師

訪問者：江君儀

（訪談稿中，訪：為訪談者江君儀，渝：為受訪者童○渝老師。）

1. 演出第一版《火燒紅蓮寺》前置作業為何？

1-1 得知要演出此劇後，有為了詮釋逍遙仙姑的角色，進行動作設計嗎？

訪：婕渝老師在演出第一版的時候，就是《火燒紅蓮寺》之後，有沒有在詮釋逍遙仙姑上進行什麼動作的設計？

渝：動作設計喔，應該是說其實在排戲之前，我對這個武俠戲不太熟。然後是有一天在排戲的時候，廖老師對我說：「其實這個逍遙仙姑很老了，不過她的外表很年輕。妳要想一下，她就像是一個六十幾歲的阿嬤，但是還是穿著迷你裙。」，老師就這樣跟我說。後來我覺得老師跟我講這些話，對我來說真的是有幫助的，就會一直想著，這個角色已經很老了，但是就是藉著採陽補陰，可以一直維持年輕、美貌的樣子。

訪：那在動作的處理上呢？

渝：那動作嗎？動作還好，我覺得是聲音吧！可能也是音樂設計的關係，所以聲音會有一些不同的變化。我覺得就是人本來應該是什麼樣子，但想要變成另外一個樣子，就會特地或是更刻意的去展現。逍遙仙姑其實年紀已經很大了，但是她把她自己變得很年輕，但她終究還是一個很大的年紀。所以聲音上面，就會刻意的想要年輕，想要呈現一個女人不是一個阿嬤的樣子。所以可能我那時候在演出，加上我的聲音本身比較尖，所以好像就可以肆無忌憚的更尖。在演出的過程真正比較會接觸的角色就是陸小青，他真的就是一個年輕人，所以我覺得這樣的表演方式，可能會有比較大的反差。

訪：在動作上，逍遙仙姑用了比較多的爪、小跳的動作，是妳自己想出來安排的，還是由其他人來安排？

渝：我想一下。

訪：因為妳有一套自己的身段動作。

渝：對。我真的有點忘記，但我第一版的時候，應該是有老師幫忙排，有走給
　　我看過。但是應該是老師走給我看一個大概，跟我說這邊要什麼。那邊就
　　是陸小青在喝水，逍遙仙姑要去抓他，雖然陸小青轉頭，她又變成少女的
　　樣子，但就是要抓了。我記得應該是第一版的導演有帶排助，也是一位老
　　師，他大概有跟我說一下，然後就是自己消化過後，再增加一些東西。

1-2 演出場域以及舞臺技術、特效對您演出上有什麼影響？

訪：第一版的演出場域跟舞臺設計、特效，對妳在演出上有什麼影響嗎？

渝：就會覺得沒有比較的話，就沒有關係。演第一版的時候，就會覺得說這個
　　舞臺真的很原始。因為我還記得，是在類似一個文化園區。

訪：花蓮。

渝：對，文創園區這種。其實舞臺不大，也是沒有什麼太多的遮蔽，可以直接
　　穿到後臺，後臺很大，整個就是很原始，包括連觀眾席的座位都是。演出
　　要做那些特效的時候，比如說：火燒、龍噴水等……，在做那些那特效
　　時，就覺得特別原始，跟我們原本想像的機關布景不一樣。可能我們把內
　　臺那一套想的很好，因為聽老師他們在說內臺時期的機關布景做的很華
　　麗什麼的。

渝：當然真水景上面我們還是有用，就是大家全身濕搭搭。然後有真的砍芭
　　蕉樹，就是由比較有經驗的演員拿武士刀，去呈現砍芭蕉樹的橋段。

渝：那在花蓮進行所謂的「飛空中」，就是吊鋼絲的時候，也是很原始。是人
　　力拉的，印象很深刻。

訪：很傳統？

渝：對，整個就是比較傳統、原始。

2. 演出第二版《俠女英雄傳》前置作業為何？

2-1 得知再版後，在角色詮釋上有做甚麼改變嗎？

渝：那我在第二版的時候，導演是曹復永老師。他的意思就是說這一整段都
　　不用動，就是都保留，他沒有什麼要修改的。就是逍遙仙姑出來自己一
　　段類似走邊的套路，還有跟陸小青的部分，只有後面的打，遇到……

訪：柳遲。

渝：對，跟柳遲的打有一點點小小的改變，基本上都保留沒有改。

訪：所以在知道要再版，整個戲排完後，逍遙仙姑沒有到非常多的變動，在詮
　　釋上面？

渝：我的角色基本上沒有很大的變動，沒有因為劇本那些，刪刪減減的關係，比較沒有影響。那跟逍遙仙姑比較有接觸到的角色，他們的個性上也沒有很大的改變。

2-2 隨著演出場域轉換到戲曲中心，演出場域以及舞臺技術、特效對您演出過程有甚麼不同的影響嗎？

渝：在戲曲中心的時候，當然就是設備比較好。但設備比較好，我覺得又太精緻了！他們的「飛空中」是機器的，會算好秒數，會看到鋼絲就這樣慢慢的升上去。我記得那時候也一樣是有噴水，但是沒有砍芭蕉樹。

訪：第二版也有砍芭蕉樹的橋段。

渝：那是電動的芭蕉樹，不是真的芭蕉樹。我們也沒有拿武士刀，是拿一般的單刀。

訪：所以第一版不是用電動芭蕉樹嗎？

渝：不是。那時候是真的去買芭蕉樹，所以真的會砍的只有幾位有經驗的演員。那個時候老師（廖○枝老師）就是說要拿武士刀這樣。

訪：原來。

渝：那第二版的電動芭蕉樹，它的原理就是有人在旁邊按，按的時候演員砍，就會掉下來。那我們在某一場的演出中，其中一位演員根本就還沒有靠近芭蕉樹，只是追著我出場，一轉頭他才正要砍芭蕉樹，芭蕉樹就斷了，我在台上就想著對方要怎麼辦，他也不能隨便在找一顆芭蕉樹砍。而且電動的芭蕉樹，我個人覺得比較不真實。

渝：那因為在比較上，後來演了戲曲中心的版本，我覺得在戲的上面，談白說在戲劇的鋪排上，當然是沒有什麼問題。可是周圍大大小小的道具，就是會影響演出呈現。像是提到芭蕉樹的部分，我覺得拿一般的刀跟拿武士刀，就是整體的感覺上差非常多。

訪：對，我在看片子的時候也感覺差蠻多的。

渝：整個可能就比較沒有早期「火燒紅蓮寺」的感覺，武俠奇行戲的感覺，就比較少。

訪：所以老師覺得主要比較大的影響在砍芭蕉樹的橋段嗎？

渝：就是整個大小道具上，包括吊鋼絲也是。某一場就有演員卡在舞臺上空大約三分之二處，但鋼絲不能繼續捲，它距離都是算好的，線不可能在回收在放出去，因為線會產生摩擦，會斷掉，所以我們在旁邊看，都覺得

非常害怕，他就卡在空中，上不去也下不來。

訪：很危險，我有印象。

渝：就是會覺得說，融合科技很好，但好像少了這齣戲想要呈現內臺時期的樣貌。雖然我們也沒有看過內臺時期，但就覺得花蓮那版，雖然很原始，卻比較貼近觀眾，如果我是觀眾的話，又或是我在舞臺上表演，都覺得第一版是比較像內臺時期的，可能會讓那些經歷過內臺時期的人比較有共鳴。

3. 因老師參與了兩版本的演出，總體上覺得差異最大之處在於？

3-1 舞臺裝置上

訪：那老師參與了兩版本的演出，在整體無論是舞臺或是劇情內容上面，就是覺得第一版是比較像內臺時期的感覺？

渝：對，比較像。比較像是應該要呈現內臺時期的《火燒紅蓮寺》的這種感覺。

訪：那第二版就是包含很多了科技。

渝：對，喔還有包括雷射光。因為在第一版逍遙仙姑與紅姑在對打時，其實我是有撒金粉的，第一版我是有抓一把金粉，然後藏起來，在……

訪：迷魂陣。

渝：對，迷魂陣的部分，在最後紅姑入陣時，是有把金粉灑出去的。那第二版就是用大量的雷射光，在舞臺上其實眼睛很吃力。

訪：因為雷射打很多。

渝：雷射光不是不漂亮，但是現在打很多雷射光的情況，觀眾也不會覺得很訝異。但當初灑金粉的動作，手法是比較粗沒錯，但我覺得觀眾就是想看這個。

訪：會有比較驚喜的感覺。

渝：可能是這樣的戲，還是不能把它太現代化吧！因為雷射光，我個人到現在還是覺得，你只能在舞臺上擺 pose，要想辦法跟光線有呼應，那些光彷彿是你打出去的，可是實際上很難呼應、互動。

訪：因為看不到嗎？

渝：我們還是看的到光，但光會跟我們保持一個距離，變成說要去思考怎麼去配合。它沒有一種跟妳有近距離的一些互動。

3-2 角色詮釋上

訪：那在角色詮釋上面，就像剛剛說的，基本上沒有一個太大的改變？

渝：恩。

訪：了解！那基本上問題都差不多結束了，非常感謝○渝老師的幫助。

渝：不會！

附錄九：朱○晞女士訪談同意書

個別/焦點訪談知情同意書

朱　　女士您好：

　　我是國立成功大學藝術研究所的研究生江君儀。目前在進行論文撰寫，希望邀請有關《火燒紅蓮寺》與《俠女英雄傳》相關的人分享有關《火燒紅蓮寺》與《俠女英雄傳》創作過程。本研究將以一對一進行訪談，地點可選在您方便的地點，時間約為一到二小時，大約進行12次。

　　為記錄正確的資料，訪談過程會錄音。如果您不願意錄音、不願某段發言錄音，或中途想停止，請隨時提出。

　　錄音資料彙整為逐字稿後會再請您確認，我們會負起保密責任，未來研究成果不會呈現您的真實姓名，亦會盡力避免他人從研究發表辨識出您　但在非預期情況下您的身份或仍有可能受到揭露，請您慎重考慮是否接受訪談。

　　錄音與逐字稿將妥善保存在研究生江君儀設有密碼的硬碟或電腦裡，並只使用在本研究。若您有興趣瞭解研究結果，可提供您報告摘要。

　　未來研究成果將出版教材或問卷。可與您分享全篇論文。

　　過程中，若您感到不舒服，想要暫停或退出研究，我們會完全尊重您的意願。先前已蒐集的資料即便研究結束，有任何問題，都歡迎聯絡我們。

研究計畫聯絡人：江君儀，電話：

研究參與者/法定代理人簽署欄：朱

錄音：☑同意　☐不同意

成果回饋：☑研究完成請提供報告，寄至（電子信箱或地址）＿＿＿＿＿＿

　　　　　☐不用了，謝謝

日期：111 年 5 月 28 日

研究團隊簽署欄：

☑本同意書一式兩份，將由雙方各自留存，以利日後聯繫

研究人員簽名：江君儀

日期：111 年 5 月 28 日

附錄十：朱○晞女士訪談逐字稿內容

薪傳歌仔戲《俠女英雄傳》相問問題訪談

訪談日期：2022/5/27

訪談時間：16 時 20 分至 16 時 26 分

訪談地點：LINE 線上通訊

訪談對象：朱○晞女士

訪問者：江君儀

（訪談稿中，訪：為訪談者江君儀，晞：為受訪者朱○晞女士。）

1. 懸吊系統問題

訪：請問亮晞有印象，當初演《俠女英雄傳》時，吊鋼絲的使用嗎？

晞：我記得那時候吊鋼絲的高度非常的高，演員被吊上去後，沒有地方可以休息，只能抓著燈桿輔助。

訪：那我看過影片發現，演員在飛鋼絲的時候，很少同一邊進行飛進飛出？是因為不能這樣操作嗎？

晞：可以同一邊飛進飛出，但用的很少很少。我記得那時候排練過程，從左到右或是從右到左，機器上面都比較沒有問題。但是當同一邊飛進飛出時，機器很容易當機，我們就會被卡在上面。

2. 動作影響問題

訪：那在動作上面來說，有特別覺得機關的運用或是其他裝備，會影響演出動作安排嗎？

晞：威牙衣穿戴會影響動作展現。因為威牙衣從胯下走，像是圓場或是其他下半身動作會比較卡，沒有辦法那麼的流暢。

附錄十一：《火燒紅蓮寺》戲劇事件表

場　次	分　場	人　物	場　景	戲劇事件
序場		全劇要角	角色投影	角色關係與特色建構
第一場〈紅衣素縞遙祭君〉	1-1 思君	主要角色：紅姑 陳友蘭 奶媽 小桂武	陳友蘭靈堂	1.陳友蘭喪生，陳家親族與紅姑爭奪陳友蘭留下的財產。 2.奶媽被陳家親族殺死。
		群眾：親戚甲 親戚乙 親戚丙		
	1-2 爭財產	主要角色：紅姑 小桂武 沈棲霞		1.紅姑帶著嬰兒、小桂武逃命，追逐過程中，小桂武被親族抓住與紅姑分離，後被親族推下懸崖，生死未卜。 2.紅姑及嬰兒，被道姑沈棲霞解救並帶往仙山。
		群眾：親戚甲 親戚乙 親戚丙		
第二場〈大義敢闖修羅群〉	2-1 婚禮	主要角色：甘瘤子 常德慶 逍遙仙姑 知圓和尚 甘祖母 甘大娘	甘家	1.十年後，甘家寨越來越龐大，常德慶、逍遙仙姑、知圓和尚，一直支持著甘家。 2.甘瘤子於大街上收留賣藝的桂武，而後桂武與甘瘤子之女甘聯珠成親。

	甘二娘 甘二嫂		
	群眾： 家丁*2 丫環*2		
2-2 密謀	主要角色： 桂武（成年） 甘聯珠 甘瘤子 常德慶 逍遙仙姑 知圓和尚	甘家	1. 桂武與甘聯珠於新房中度過洞房花燭夜。 2. 甘瘤子、常德慶、逍遙仙姑、知圓和尚於甘家寨中密謀行惡。
2-3 奉師命	主要角色： 柳遲 呂宣良	崑崙山	1. 呂宣良派弟子柳遲下山處理紅蓮寺出現妖僧之事。 2. 呂宣良派弟子柳遲下山引導桂武離開甘家寨，並希望柳遲妥善處理，將桂武納入崑崙一派。
2-4 真相	主要角色： 桂武 柳遲 OS： 甘瘤子	郊外	1. 桂武一人獨自在山林中練武，突然想起岳父的一番言語，湧起一股哀愁。 2. 柳遲出現，試探桂武是否是正直的青年，後告知桂武甘家寨的真面目，桂武不信，柳遲引他至十里外的密林，便能得知真相。
2-5 劫庫銀	主要角色： 陸小青 卜文正 甘瘤子 常德慶 桂武 柳遲 群眾： 衙役*4 嘍囉*4	密林	1. 清官卜文正帶領陸小青及眾衙役押送官銀，途中遇上甘瘤子一行人劫庫銀，並試圖拉攏卜文正協助他們行惡。 2. 卜文正不肯同流合污拒絕甘瘤子與常德慶，雙方人馬打鬥起來，打鬥時，甘瘤子殺害官兵、劫走庫銀的過程被躲在高處的桂武看見，桂武因此得知甘家寨的真實面貌。 3. 陸小青一面保護卜文正，一面與甘瘤子等人廝殺，逐漸落敗，柳遲出現殺退甘瘤子一行人。
2-6 出走	主要角色： 甘祖母	甘聯珠閨房	1. 甘聯珠於房中做女紅，桂武歸來後神色怪奇。

		桂武 甘聯珠 甘大娘 甘二娘 甘二嫂		2.桂武與甘聯珠告知他已得知甘家寨真實面貌，說明自己志不在此，希望甘聯珠與他一同離開甘家寨。 3.桂武請求甘聯珠的對話被甘祖母聽見，夫妻二人請求甘祖母讓他們離開甘家寨，開創自己的事業。 4.甘祖母答應桂武的請求，桂武高興之餘，甘聯珠面露愁容，向桂武說明甘祖母不可能放過他們夫妻二人。 5.夫妻二人討論如何逃離甘家寨以及如何破解甘瘤子的追魂劍。
	2-6 闖關	主要角色： 甘祖母 桂武 甘聯珠 甘大娘 甘二娘 甘二嫂 群眾： 嘍囉*4	甘家寨	1.甘祖母對甘家寨眾人下令，追殺桂武與甘聯珠。 2.桂武與甘聯珠破甘家寨重重關卡，遇上甘聯珠母親甘大娘時，甘大娘不捨，假意追殺，實則放夫妻兩一馬。 3.桂武與甘聯珠闖至最後一關，遇上甘祖母，甘祖母既生氣又難過，決定要格殺勿論。桂武及甘聯珠極力抵抗甘祖母，再不敵之際神鷹出現，解救夫妻兩人。
	2-7 追魂劍	主要角色： 甘瘤子 桂武 甘聯珠	郊外	1.甘瘤子氣憤不已，至郊外尋找桂武及甘聯珠兩人，欲使用追魂劍追殺兩人。 2.桂武及甘聯珠逃出甘家寨，兩人虛弱癱在樹叢旁休息。桂武喚醒昏迷的甘聯珠，告知甘聯珠是神鷹解救了他們，甘聯珠覺得奇怪之際，甘瘤子的追魂劍追來，因事前準備好的白雞起了作用，桂武及甘聯珠逃過一劫。
第三場 〈煉獄浮屠 青天困〉	3-1 野和尚	主要角色： 知客和尚 群眾： 和尚甲	大街	1.知客和尚帶領其他和尚至大街上，假意化緣，實則拐騙少女。 2.幾個少女欲添香油錢，卻被和尚們調戲、抓至紅蓮寺。

	和尚乙 和尚丙 和尚丁 少女甲 少女乙 少女丙		
3-2 紅姑下山	主要角色： 紅姑 陳繼志 沈棲霞	仙山	1. 紅姑與陳繼志在仙山練功。 2. 紅姑、陳繼志道法學成，沈棲霞要紅姑帶著陳繼志下山，行俠濟民。 3. 紅姑、陳繼志離開之際，沈棲霞接獲神鷹傳來書信，說明有人要暗殺明官卜文正，告知兩人下山若遇此事，務必出手相助。
3-3 察民情	主要角色： 卜文正 陸小青	大街	1. 卜文正聽聞百姓說不斷有少女失蹤，心想如何調查、解決此事。 2. 卜文正與陸小青討論少女失蹤之事，陸小青認為其中有更大的陰謀。 3. 兩人商討後決定打扮白身，分頭行動，暗中調查此事並相約兩日後酒店見面。
3-4 酒店	主要角色： 知客和尚 雪蓮 紅姑 陳繼志 桂武 甘聯珠 卜文正 群眾： 店小二	酒店	1. 紅姑帶著陳繼志下山，回轉故鄉後遇見桂武與甘聯珠，四人一同至酒店用餐敘舊。 2. 知客和尚帶著尼姑雪蓮於酒店用餐，雪蓮試圖引起紅姑一行人的注意。 3. 卜文正到酒店打聽少女失蹤的事情，旁邊的知客和尚聽到此事，急忙帶著雪蓮離開酒店。 4. 卜文正面色匆忙，緊緊跟隨兩人。 5. 紅姑一行人隨後跟上。
3-5 卜文正被抓	主要角色： 知客和尚 雪蓮 卜文正 紅姑	樹林	1. 知客和尚拉著雪蓮穿梭在樹林之中，卜文正跟隨在後。 2. 知客和尚故意引誘卜文正上鉤，將卜文正打暈，雪蓮試圖阻止卻被知客和尚抓住。

		陳繼志 桂武 甘聯珠		3.知客和尚將兩人帶回紅蓮寺。
	3-6 地牢	主要角色： 卜文正 雪蓮	紅蓮寺地牢	1.雪蓮痛恨紅蓮寺作為，偷取鑰匙幫卜文正開牢門，希望卜文正可以解救她們。 2.雪蓮將關著少女的牢門打開，帶著卜文正及少女們離開地牢。
		群眾： 少女*4		3.知圓和尚帶著大批假和尚，阻擋卜文正等人離開。 4.雪蓮阻擋知圓和尚殺害卜文正，將卜文正護在身後，卻被知圓和尚一刀殺死。
第四場 〈火燒紅蓮得勝軍〉	4-1 逍遙仙姑	主要角色： 陸小青 柳遲 逍遙仙姑	郊外	1.逍遙仙姑從遠方見陸小青，並跟隨其後。 2.陸小青因探查少女失蹤之事，於地勢複雜的郊外迷失路途。 3.逍遙仙姑前去與陸小青搭話，假意報路，騙陸小青同行。 4.同行途中逍遙仙姑三番兩次靠近陸小青，被陸小青斥責。 5.陸小青要離開，被逍遙仙姑下迷魂術。 6.柳遲出現，欲解救陸小青，與逍遙仙姑打起來。 7.逍遙仙姑不敵柳遲，落荒而逃。柳遲替陸小青解開迷魂術。 8.陸小青詢問為何柳遲出現在此地，柳遲告知陸小青卜文正遭遇危險。
	4-2 風雲起	主要角色： 紅姑 陳繼志 桂武 甘聯珠	郊外	1.紅姑、陳繼志、桂武、甘聯珠四人，欲前往紅蓮寺。
	4-3 陷阱	主要角色： 桂武 甘聯珠 柳遲 陸小青	紅蓮寺外	1.桂武、甘聯珠、柳遲、陸小青於紅蓮寺外會合。 2.陸小青假裝借宿紅蓮寺，實則要探查紅蓮寺內部。 3.紅蓮寺機關百出，陸小青探查

	群眾： 妖艷女子*4 和尚*4		過程，遇上知客和尚、知圓和尚，分別為甘聯珠、柳遲所救。 4.知圓和尚與知客和尚認為陸小青逃離紅蓮寺必定有高人相助，他們決定請常德慶、甘瘤子前來協助。
4-4 解危	主要角色： 桂武 甘聯珠 柳遲 陸小青 陳繼志 常德慶	郊外	1.眾人離開紅蓮寺，決定等待呂宣良等人以及先行調派官兵，一舉攻破紅蓮寺。 2.陸小青與其他人分散時遇見常德慶。 3.常德慶看穿陸小青是從紅蓮寺逃出來的，也就是他要尋找的對象，即用掌心雷攻打陸小青，兩人打起來。 4.常德慶放出劍光對付陸小青，陳繼志見有人放劍光，孩子性起，也放出劍光與常德慶對劍。 5.常德慶被陳繼志壓制。
4-5 紅蓮劫	主要角色： 卜文正 甘瘤子 知圓和尚 知客和尚 常德慶 逍遙仙姑 群眾： 妖艷女子*4 和尚*1	紅蓮寺大雄寶殿	1.紅蓮寺大雄寶殿中，甘瘤子與知圓和尚與一群妖艷女子飲酒作樂。 2.卜文正被帶至大雄寶殿，見甘瘤子與知圓和尚的作為，憤怒不已。 3.甘瘤子再度招攬卜文正，要卜文正加入協助他們，卜文正不肯配合。 4.常德慶及逍遙仙姑前來告知呂宣良、沈棲霞到達紅蓮寺。 5.知圓和尚將卜文正關進銅鐘之下，欲將他活活餓死。
4-6 全面開戰	主要角色： 陸小青 柳遲 紅姑 陳繼志 桂武 甘聯珠 卜文正 呂宣良 沈棲霞		1.呂宣良、沈棲霞帶領所有人至紅蓮寺，要求放出卜文正，雙方相談不攏，隨即開戰。 2.逍遙仙姑設下迷魂陣法，被紅姑破解。 3.甘瘤子與甘聯珠父女對上，常德慶執意要甘瘤子殺死甘聯珠，雙方打鬥之餘，紅姑、陸小青、柳遲加入戰局。 4.柳遲及桂武殺死甘瘤子。

	常德慶 甘瘤子 知客和尚 知圓和尚 逍遙仙姑		
	群眾： 和尚*4 妖艷女子*4 衙役*4		
4-7 破機關	主要角色： 陸小青 柳遲 紅姑 陳繼志 桂武 甘聯珠 卜文正 呂宣良 沈棲霞 常德慶 知客和尚 知圓和尚 逍遙仙姑		1. 呂宣良叫眾人繼續尋找卜文正的下落，告知眾人紅蓮寺中機關由他及沈棲霞兩人來破除。 2. 常德慶、知客和尚、知圓和尚、逍遙仙姑四人，見敵不過呂宣良等人，決定放棄紅蓮寺，將眾人引至樹林之中。 3. 樹林之中，雙方開打，常德慶等人落敗逃離。
4-8 火燒紅蓮寺	主要角色： 陸小青 柳遲 紅姑 陳繼志 桂武 甘聯珠 卜文正 呂宣良 沈棲霞		1. 眾人尋找到卜文正被藏於銅鐘之內，合力運功舉銅鐘，救出卜文正。 2. 卜文正決定火燒紅蓮寺。 3. 眾人看著大火蔓延紅蓮寺，所有事件隨著大火燃燒紅蓮寺結束。
	群眾： 衙役*4		

製表人：江君儀（資料出處：筆者參考《火燒紅蓮寺》劇本整理）

附錄十二：《俠女英雄傳》戲劇事件表

場　次	分　場	人　物	場　景	戲劇事件
序幕		全劇要角	角色投影	角色人物關係與特色建構
序場〈佔寺〉		主要角色：甘瘤子　常德慶　逍遙仙姑　甘菲霸（知圓和尚）	紅蓮寺外	1. 以甘瘤子為首，帶領常德慶、逍遙仙姑、知圓和尚等一幫人，侵佔紅蓮寺，將紅蓮作為秘密軍機地。 2. 為了糧草，甘瘤子借助逍遙仙姑之力，迷惑香客，並且命令甘菲霸擔任紅蓮寺住持（知圓和尚），命令嘍囉打扮和尚，監視紅蓮寺僧尼。
第一場〈爭財產〉	1-1 靈堂	主要角色：紅姑　陳友蘭　奶媽　小桂武 群眾：親戚甲　親戚乙　親戚丙	陳友蘭靈堂	1. 陳友蘭喪生，陳家親族與紅姑爭奪陳友蘭留下的財產。 2. 奶媽被陳家親族殺死。
	1-2 爭財產	主要角色：紅姑　小桂武　沈棲霞 群眾：親戚甲	山景	1. 紅姑帶著嬰兒、小桂武逃命，追逐過程中，小桂武被親族抓住與紅姑分離，後被親族推下懸崖，生死未卜。 2. 紅姑及嬰兒，被道姑沈棲霞解救並帶往仙山。

		親戚乙 親戚丙		
第二場 〈甘家婚禮〉	2-1 甘家婚禮	主要角色： 甘瘤子 常德慶 逍遙仙姑 知圓和尚 甘祖母 甘大娘 甘二娘 甘二嫂 桂武（成年） 甘聯珠 群眾： 家丁*2 丫環*2	甘家寨山景、寨廳	1. 十年後，甘家寨越來越龐大，常德慶、逍遙仙姑、知圓和尚，一直支持著甘家。 2. 甘瘤子於大街上收留賣藝的桂武，而後桂武與甘瘤子之女甘聯珠成親。
	2-2 柳遲下山	主要角色： 柳遲 呂宣良	崑崙山	1. 呂宣良派弟子柳遲下山處理紅蓮寺出現妖僧之事。 2. 呂宣良派弟子柳遲下山引導桂武離開甘家寨，並希望柳遲妥善處理，將桂武納入崑崙一派。
第三場 〈紅姑下山〉	3-1 紅姑下山	主要角色： 紅姑 陳繼志 沈棲霞	仙山	1. 紅姑、陳繼志道法學成，沈棲霞要兩人下山，行俠濟民。 2. 紅姑、陳繼志離開之際，沈棲霞接獲神鷹傳來書信，說明有人要暗殺明官卜文正，告知兩人下山若遇此事，務必出手相助。
第四場 〈發現真相〉	4-1 發現真相	主要角色： 桂武 柳遲 OS： 甘瘤子	郊外	1. 桂武於郊外獨自練武，不解岳父甘瘤子的話語。 2. 柳遲找到獨自練武的桂武，告知桂武甘家寨的真面目，桂武不信，柳遲引他至十里外的密林，便能得知真相。
	4-2 劫庫銀	主要角色： 陸小青 卜文正 甘瘤子 常德慶 桂武 柳遲	郊野樹林	1. 清官卜文正帶領陸小青及眾衙役押送官銀，途中遇上甘瘤子一行人劫庫銀，並試圖拉攏卜文正協助他們行惡。 2. 卜文正與陸小青極力抵抗，紅姑加入戰局解救卜文正一行人。

	紅姑 群眾： 衙役*4 嘍囉*4		3. 混亂之中一車官銀被劫走，甘瘤子殺害衙役帶走官銀，而桂武聽了柳遲的話，躲於密林之中，看到整件事情經過，得知甘家寨的真實面貌。
4-3 出走一	主要角色： 桂武 甘聯珠	甘聯珠閨房	1. 桂武與甘聯珠告知他已得知甘家寨真實面貌，說明自己志不在此，希望甘聯珠與他一同離開甘家寨。
4-4 出走二	主要角色： 甘祖母 桂武 甘聯珠 甘大娘 甘二娘 甘二嫂	抽象氛圍 （劇本指示所述）	1. 桂武請求甘聯珠的對話被甘祖母聽見，夫妻二人請求甘祖母讓他們離開甘家寨，開創自己的事業。 2. 甘祖母答應桂武的請求，桂武高興之餘，甘聯珠面露愁容，向桂武說明甘祖母不可能放過他們夫妻二人。 3. 夫妻二人想盡辦法逃離甘家寨。
4-5 過四關	主要角色： 甘祖母 桂武 甘聯珠 甘大娘 甘二娘 甘二嫂 群眾： 嘍囉*4	抽象氛圍 （劇本指示所述）	1. 甘祖母對甘家寨眾人下令，追殺桂武與甘聯珠。 2. 桂武與甘聯珠與破甘家寨重重關卡，遇上甘聯珠母親甘大娘時，甘大娘不捨，假意追殺，實則放夫妻兩一馬。
4-6 神鷹救人	主要角色： 桂武 甘聯珠 常德慶 紅姑 陳繼志	郊外	1. 桂武與甘聯珠極力抵抗甘祖母的攻勢，危及時刻，神鷹出現叼走甘祖母的拐杖，解救桂武與甘聯珠。 2. 桂武與甘聯珠逃離甘家寨後，甘瘤子的追魂劍隨之追上來，並被夫妻二人用一隻白雞破解。 3. 常德慶追上逃離甘家寨的桂武與甘聯珠，釋放出強大武技掌心雷，紅姑與陳繼志即時趕到，用梅花針破解，解救夫妻倆。 4. 桂武與紅姑，姑侄相認。

第五場〈查明情〉	5-1 假和尚	主要角色：知客和尚	大街	1. 由知客和尚帶領一眾假和尚至大街上化緣。 2. 眾民女遇見知客和尚等人，欲添香油卻被調戲。 3. 知客和尚與眾假和尚強搶民女至紅蓮寺。
		群眾：和尚甲和尚乙和尚丙和尚丁少女甲少女乙少女丙		
	5-2 察民情	主要角色：陸小青卜文正	大街	1. 卜文正聽聞百姓說不斷有少女失蹤，心想如何調查、解決此事。 2. 卜文正與陸小青討論少女失蹤之事，決定分頭行動，暗中調查此事。
		OS：百姓眾		
	5-3 酒店	主要角色：紅姑陳繼志桂武甘聯珠卜文正知客雪蓮	城裡酒店	1. 卜文正至酒店欲打聽少女失蹤之事。 2. 紅姑、陳繼志、桂武、甘聯珠一行人至酒店敘舊，紅姑詢問桂武當年跌入山谷如何獲救，桂武將他獲救至長大後因賣藝維生進入甘家寨的過程，快速跟紅姑進行交代。 3. 知客和尚帶著兩位假和尚與雪蓮到酒店用餐，言論舉止怪異，引起桂武一行人及卜文正的注意。 4. 卜文正向店家打探少女失蹤之事，知客和尚一行人聽見，即刻帶雪蓮離開酒店，卜文正緊追跟上。 5. 紅姑猜測該名大人就是卜文正，告知其他人，隨後跟上。
		群眾：店小二和尚*4		
	5-4 卜文正被抓	主要角色：紅姑陳繼志桂武甘聯珠卜文正知客和尚雪蓮	樹林	1. 知客一行人於樹林間穿梭，聲東擊西將紅姑一行人打散，並誘導卜文正的方向。 2. 卜文正追上雪蓮後，欲救雪蓮離開，卻反被知客和尚等人抓住。

| | 5-5 地牢 | 主要角色：
雪蓮
卜文正
知客和尚
知圓和尚

群眾：
和尚*4
少女*3 | 紅蓮寺地牢、後山 | 1. 雪蓮被抓回紅蓮寺地牢，道破紅蓮寺現狀，卻無能為力。
2. 卜文正與一種少女被關在紅蓮寺地牢，雪蓮去喚醒卜文正，告知卜文正紅蓮寺的真實面貌，請求卜文正解救她們脫離苦海。
3. 雪蓮用偷來的鑰匙，開了卜文正與眾少女的牢房門，眾人欲逃離地牢，卻被知圓和尚及眾假和尚攔住去路。
4. 卜文正被抓回紅蓮寺中，雪蓮因偷鑰匙被發現，被知圓和尚打傷丟至後山。
5. 紅姑於後山遇見被丟至後山的雪蓮，雪蓮用最後一口氣告知紅姑紅蓮寺的真實面貌以及惡行，還有卜文正及失蹤少女的下落，而後斷氣死亡；紅姑聽聞所有事情後，感到氣憤不已，認為自己如今不再是弱女子，是擁有武功的「俠女」，勢必要護民保官將惡除。 |
| 第六場
〈迷魂小青〉 | | 主要角色：
呂宣良
沈棲霞
陸小青
柳遲
逍遙仙姑 | 郊外 | 1. 神鷹與呂宣良、沈棲霞趕路欲往紅蓮寺。
2. 陸小青為了調查少女失蹤一案，獨自來到郊外卻因天色昏暗、路徑不明，迷失路途。
3. 陸小青於荒街野外遇見崆峒派的逍遙仙姑，逍遙仙姑看陸小青長得英俊，三番兩次想靠近陸小青，卻被陸小青阻止，逍遙仙姑見陸小青不受誘惑，只好施法對陸小青下迷魂術。
4. 柳遲經過該地，見逍遙仙姑迷魂陸小青，路見不平與逍遙仙姑起爭執，欲救陸小青脫離魔掌。
5. 柳遲與逍遙仙姑打鬥，逍遙仙姑不敵柳遲，控制陸小青加入戰局。
6. 柳遲無力抵抗兩人聯手攻擊， |

				逐漸敗下陣來，紅姑一行人趕到，打退逍遙仙姑，並為陸小青解除迷魂術。
				7. 陸小青感謝紅姑一行人的解救，在柳遲的詢問之下得知陸小青也是為了追查少女失蹤一事才會遇見逍遙仙姑；紅姑告知所有人卜文正及少女們都被囚禁在紅蓮寺的地牢之中。
				8. 神鷹來信，眾人決定前往紅蓮寺。
第七場〈火燒紅蓮寺〉	7-1 探寺	主要角色： 陸小青 知客和尚 紅姑 群眾： 妖艷女子若干 和尚若干	紅蓮寺內迴廊通道、蓮花座、佛尊	1. 陸小青借宿紅蓮寺，藉機探查紅蓮寺內部。 2. 陸小青查探過程，發現寺廟中有女子的身影，不知是真實還是虛幻。 3. 陸小青追尋女子的過程中，發現紅蓮寺中機關重重，接近紅蓮寺內部時，知圓和尚帶領其手下包圍陸小青，意圖將陸小青抓起來，此時紅姑出現使用梅花針替陸小青解圍。
	7-2 解危	主要角色： 陸小青 柳遲 桂武 甘聯珠 紅姑 陳繼志 常德慶 呂宣 沈棲霞		1. 陸小青被解救後跟紅姑一起與柳遲一行人會合，告知他們紅蓮寺內機關重重，憑他們難以破解。 2. 紅姑提議先行調兵圍困紅蓮寺外，等待沈棲霞、呂宣良抵達，便可攻進紅蓮寺。 3. 陸小青將自己的令牌給桂武、甘聯珠，讓他們兩人去調兵。 4. 紅姑等人分頭在附近探查。常德慶出現使用掌心雷攻擊陸小青兩人打了起來，常德慶放出劍光，陸小青應付的極其吃力。 5. 陳繼志出現看到有人放劍光，隨即也放了劍光與之對招，紅姑隨後出現，三人與常德慶打鬥起來。 6. 常德慶再度放出掌心雷，被趕來與紅姑一行人會合的呂宣良、沈棲霞破解，常德慶逃跑。

| 7-3 大雄寶殿 | 主要角色：
陸小青
柳遲
紅姑
陳繼志
桂武
甘聯珠
卜文正
呂宣良
沈棲霞
常德慶
甘瘤子
知客和尚
知圓和尚
逍遙仙姑

群眾：
和尚*6
妖艷女子*4 | 紅蓮寺大雄寶殿 | 1. 紅蓮寺大雄寶殿中，甘瘤子與知圓和尚與一群妖艷女子飲酒作樂。
2. 卜文正被帶至大雄寶殿，見甘瘤子與知圓和尚的作為，憤怒不已。
3. 甘瘤子再度招攬卜文正，要卜文正加入協助他們，卜文正不肯配合，甘瘤子將卜文正關進銅鐘之下，欲將他活活餓死。
4. 崑崙派呂宣良及峨眉派沈棲霞帶領徒弟們至紅蓮寺，要求甘瘤子等人放出卜文正。
5. 雙方一言不合，相互廝殺。
　5-1 紅姑破解逍遙仙姑迷魂陣。
　5-2 柳遲、陸小青對上甘瘤子及知圓和尚。
　5-3 桂武、甘聯珠對上常德慶。
6. 桂武與甘聯珠對上甘瘤子。甘聯珠勸甘瘤子改邪歸正，常德慶欲殺甘聯珠而使用了掌心雷，甘瘤子為甘聯珠擋下此掌，死於掌心雷掌下，常德慶隨即逃離。 |
| 7-4 破機關 | 主要角色：
陸小青
柳遲
紅姑
陳繼志
桂武
甘聯珠
卜文正
呂宣良
沈棲霞
常德慶
甘瘤子
知客和尚
知圓和尚
逍遙仙姑

群眾：
和尚*6 | 紅蓮寺內部 | 1. 紅姑、陸小青一行人準備破解紅蓮寺機關被沈棲霞、呂宣良阻止。
2. 沈棲霞、呂宣良兩人聯手破紅蓮寺機關，其他人找尋卜文正下落。
3. 陸小青、柳遲、紅姑與知圓和尚、常德慶、逍遙仙姑追逐打鬥。 |

| 7-5 火燒紅蓮寺 | 主要角色：
陸小青
柳遲
紅姑
陳繼志
桂武
甘聯珠
卜文正
呂宣良
沈棲霞 | 紅蓮寺內部 | 1. 眾人打傷知圓和尚、常德慶、逍遙仙姑後，尋找卜文正下落。
2. 呂宣良告知大家卜文正被藏在銅鐘內，眾人合力運功舉銅鐘，救出卜文正。
3. 卜文正被救出後向眾人道謝。
4. 卜文正決定將神尊移開，火燒紅蓮寺後殿，讓後殿之地重建光明，並舉辦法會超度枉死冤魂。 |
| | 群眾：
衙役*4 | | |

製表人：江君儀（資料出處：筆者參考《俠女英雄傳》劇本整理）

附錄十三：各版本使用角色人物表

各版本使用之角色人物				
角色人物	小　說	歌仔冊	歌仔戲 （火）	歌仔戲 （俠）
運用上相同的角色人物（正派）				
陳繼志	有實際出現「火燒紅蓮寺」情節段落。	有此角色 人物。	有此角色 人物。	有此角色 人物。
甘聯珠	有實際出現「火燒紅蓮寺」情節段落。	有此角色 人物。	有此角色 人物。	有此角色 人物。
柳遲	有實際出現「火燒紅蓮寺」情節段落。	有此角色 人物。	有此角色 人物。	有此角色 人物。
陸小青	有實際出現「火燒紅蓮寺」情節段落。	有此角色 人物。	有此角色 人物。	有此角色 人物。
卜文正	有實際出現「火燒紅蓮寺」情節段落。	有此角色 人物。	有此角色 人物。	有此角色 人物。
運用上相同的角色人物（反派）				
常德慶	有實際出現「火燒紅蓮寺」情節段落。	有此角色 人物。	有此角色 人物。	有此角色 人物。
知圓和尚	有實際出現「火燒紅蓮寺」情節段落。	有此角色 人物。	有此角色 人物。	有此角色 人物。
知客和尚	有實際出現「火燒紅蓮寺」情節段落。	有此角色 人物。	有此角色 人物。	有此角色 人物。

運用上出現差異的角色人物（正派）				
紅姑	有此角色人物，「火燒紅蓮寺」情節段落有提及，但未實際出現。	有此角色人物。	有此角色人物。	有此角色人物。
奶娘	有此角色人物，但無出現在「火燒紅蓮寺」情節段落。	無此角色人物。	有此角色人物。	有此角色人物。
桂武	有此角色人物，但無出現在「火燒紅蓮寺」情節段落。	有此角色人物。	有此角色人物。	有此角色人物。
呂宣良	有此角色人物，火燒紅蓮寺」情節段落有提及，但未實際出現。	有此角色人物。	有此角色人物。	有此角色人物。
沈棲霞	有此角色人物，但無出現在「火燒紅蓮寺」情節段落。	有此角色人物。	有此角色人物。	有此角色人物。
趙振武	有實際出現「火燒紅蓮寺」情節段落。	無此角色人物。	無此角色人物。	無此角色人物。
陳友蘭	有此角色人物，但未進行完整角色描述，於小說中已身故。無出現在「火燒紅蓮寺」情節段落。	有此角色人物。已身故。	有此角色人物。已身故。	有此角色人物。已身故。
萬清和	有此角色人物，但無出現在「火燒紅蓮寺」情節段落。	有此角色人物。	無此角色人物。	無此角色人物。
運用上出現差異的角色人物（反派）				
甘瘤子	有此角色人物，但無出現在「火燒紅蓮寺」情節段落。	有此角色人物。	有此角色人物。	有此角色人物。
甘二娭馳	有此角色人物，但無出現在「火燒紅蓮寺」情節段落。	有此角色人物。	有此角色人物。	有此角色人物。
甘大嫂	有此角色人物，但無出現在「火燒紅蓮寺」情節段落。	有此角色人物。	有此角色人物。	有此角色人物。
甘大娘	有此角色人物，但無出現在「火燒紅蓮寺」情節段落。	有此角色人物。	有此角色人物。	有此角色人物。
甘二娘	有此角色人物，但無出現在「火燒紅蓮寺」情節段落。	有此角色人物。	有此角色人物。	有此角色人物。
逍遙仙姑	無出現此角色人物。	有此角色人物。	有此角色人物。	有此角色人物。

製表人：江君儀（資料出處：筆者參考「火燒紅蓮寺」情節相關文本整理）

附錄十四：1930年代《火燒紅蓮寺》於臺灣上映相關報章資料

新舞臺戲題
▲十三日。日間。獨木關。全本企玉奴伏間。封神榜
▲十四日。日間草橋關。打花鼓。企雁橋。花聞封祠榜。烏池院。資嬋送酒
一永樂座活寫
臺北市永樂座。自舊曆元旦。由月玉影片公司。映台州集火燒紅蓮寺。日下葫演三集。影片前後凡十六集。主演寬嵩派。與崑崙派不陸話劍客五施法術刀光劍洸。令人呼快

《台灣日日新報》日期：1930年02月13日，版次：4。

紅蓮寺續映
臺北市永樂座。於舊曆正月。映寫火燒紅蓮寺頭二集。連日滿員。而觀客所期待之三四集。亦按于二十日上映云。

《台灣日日新報》日期：1930年03月20日，版次：4。

紅蓮寺劇妙評　後改映美人島

永樂座。最近所映火燒紅蓮寺。極博世評。連夜觀者滿座。至江蘇縣民。械至潮陽。平江兩縣民。械鬭爭地一節。彷彿如前清時代。漳泉人固粵人械鬭之惡俗。情景逼真。觀者大喝采。何擬至除夕。續演其餘。又三五影公司。明年度承租。擬自元旦。上映美人島二三集。說明者詹天馬氏。一手搬任云。

《台灣日日新報》日期：1930 年 12 月 31 日，版次：5。

紅蓮寺元旦上映

上海明星影片公司。火燒紅蓮寺。自第一集至第十集。在銮上。大博觀衆喝采。而其第十一集。至十六集。內容情節尤奇，訂來古曆元旦起。在市內太平町文裕茶行　太平座戲園上映云

《台灣日日新報》日期：1931 年 02 月 16 日，版次：4。

太平座開幕

臺北市　太平町文裕　茶行臨時京影館太平座。本日開幕。日夜上映　西洋話劇十二卷。火燒紅蓮寺十一集中卷云。

《台灣日日新報》日期：1931 年 02 月 1 日，版次：12。

火燒紅蓮寺
內教兩部決予查禁

上海明星公司出品之火燒紅蓮寺影片、係取材於江湖奇俠傳小說、內教兩部、曾以其涉近神怪、禁止放映、嗣經該公司將片中情節過於離奇部份剪去、在各地開映、但據確息、刻內教兩部以江湖奇俠傳小說、即未經審查合格、故該火燒紅蓮寺影片、仍決定查禁云。

（正氣社）

《中央日報》1932 年 06 月 28 日，版次：7。

附錄十五：竹林出版社出版《火燒紅蓮寺》歌仔冊實體古籍

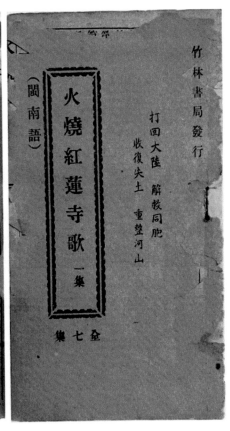

《火燒紅蓮寺》第一冊（新竹：竹林出版社，1958 年 7 月），未標頁。

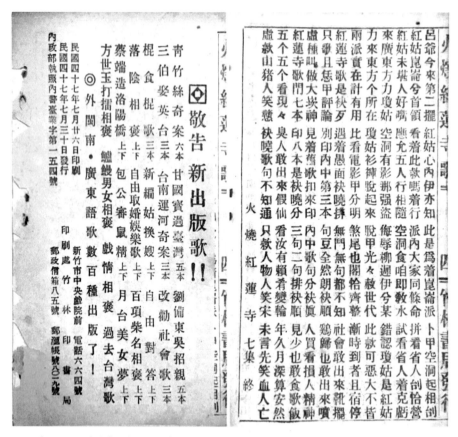

《火燒紅蓮寺》第七冊（新竹：竹林出版社，1958 年 7 月），未標頁。

附錄十六：《俠女英雄傳》節目冊電子檔

（薪傳歌仔戲劇團提供研究使用）

附錄十七：《火燒紅蓮寺》文宣設計

（廖瓊枝文教基金會提供研究使用）